Wenn Teens die Krise kriegen

Anche Rahn/Steffi Baltes

Wenn Teens die Krise kriegen

Teenager und Seelsorge –
was JugendmitarbeiterInnen wissen sollten

R BROCKHAUS

Gestaltung: Ralf Krauß, Herrenberg
Umschlaggestaltung: Dietmar Reichert, Dormagen
Umschlagfoto: ZEFA, Düsseldorf
Druck: Breklumer Druckerei Manfred Siegel KG
ISBN 3-417-20646-4
Bestell-Nr. 220.646

Inhalt

Wenn Teens die Krise kriegen

Der Mensch neigt dazu, die Vergangenheit zu glorifizieren. Ich auch. Vieles, was ich als Jugendlicher erlebt habe, schimmert in einem matten goldenen Glanz in meinem Hirn. Abgelegt unter der Datei: Damals war es schön!

Vergessen sind all die Selbstzweifel, der Umgang mit meiner Sexualität, meine „Himmelhoch jauchzend – zu Tode betrübt"-Phasen, die mächtigen „Verliebtheitsattacken", meine verkorksten Gottesbilder und der Stress mit den Eltern.

Und doch, wenn ich mich hineindenke in diese Zeit, dann fallen mir plötzlich Bilder, Gefühle und Gedanken ein, die ich in dieser Form nicht wiederhaben möchte. Im gleichen Moment denke ich aber auch an Menschen, die in solchen Situationen für mich da waren und mir Empathie, Verständnis und Korrektur entgegengebracht haben. Manche waren älter als ich, aber viele von ihnen auch in meinem Alter. Thomas und Willi, Volker, Elke, Markus und Matthias, um nur einige zu nennen.

Was haben die mit mir durchgemacht. Ich trug mein Herz auf der Zunge. Was in mir war, musste raus. Ich bin froh, dass diese Menschen an meiner Seite waren. In einer Zeit, die nicht mit den technischen und medialen Anforderungen des 21. Jahrhunderts zu vergleichen ist. Es gab noch keine Handys, keine Computer und

E-Mails, das Fernsehen zeigte drei Programme, und von all meinen Freunden hatte nur einer einen Videorecorder. Der Druck von „außen" war relativ gering. Im Großen und Ganzen durfte ich der sein, der ich war: ein Jugendlicher! Nicht mehr und nicht weniger.

Um die Probleme, mit denen ein Großteil der Jugendlichen heute zu tun hat, beneide ich niemanden. Was alles stürmt auf sie ein! Ein 14-Jähriger wird teilweise mit Fragen konfrontiert, denen ich mich erst mit 20 stellen musste.

Auf meinen Touren durchs Land erlebe ich so viele Teens und Jugendliche, die bis zur Oberkante Unterlippe voll sind mit Verletzungen und Schwierigkeiten und die unter einem wahnsinnigen Mangel an Selbstwertgefühl leiden. Und die meisten davon sind Christen und Christinnen.

Da blutet mir das Herz. Da könnte ich heulen. Die Augen sind die Fenster zur Seele, so heißt es. Manche Augen werde ich niemals vergessen. Den Schmerz, die Verlorenheit und die Angst. Am Schlimmsten aber ist die Hoffnungslosigkeit, die ich gesehen habe. Es ist, als würden manche in sich hineinschreien. Nach außen stumm – und innen tobt die Einsamkeit. Wenn ich doch nur mit euch reden könnte, habe ich oft gedacht. Und manchmal, das gebe ich offen zu, hätte ich reden können, aber ich wusste nicht wie.

Seelsorge an Jugendlichen ist kein Luxusprogramm, kein Bonustrack auf der CD des Lebens. Es ist neben Motivation und Förderung von jungen Menschen die wichtigste Aufgabe unserer Epoche. Denn die Jugendlichen sind die Erwachsenen von morgen. Ich bin davon überzeugt, dass Gott diese Not sieht. Und ich bin deshalb auch davon überzeugt, dass er vielen Menschen die Begabung der Seelsorge gegeben hat. Einige müssen diese Gabe noch entdecken und fördern.

Dieses Buch ist eine handfeste Hilfe auf dem Weg zur Seele der jungen Generation. Es eröffnet durch seine Fallbeispiele und Methodik einen Einblick in die wirklichen Probleme der Jugendlichen. Es zeigt, womit man als Seelsorger bzw. Seelsorgerin konfrontiert werden kann, und bietet konkrete Schritte zur Hilfe und Orientierung. Hier empfinde ich die theologischen, aber vor allem auch die psychologischen und methodischen Ansätze als äußerst hilfreich. Lange Zeit war man auf sich allein gestellt, wenn man speziell Jugendlichen helfen wollte. Jetzt nicht mehr. Mit diesem Buch kann man Sicherheit erwerben. Eine Sicherheit, die sich naturgemäß auf unsere Gesprächspartner übertragen wird. Es ist gut zu wissen, was man da eigentlich tut, wenn man Teenagern Seelsorge anbietet.

Durch die konkreten Fallbeispiele kann man mit ein wenig Fantasie miterleben, wie es „Lena" ergangen ist. Einige Male habe ich mich dabei ertappt, dass ich ihre Geschichte total spannend fand und wissen wollte, wie ihre Story denn weitergeht.

Junge Menschen auf einem Stück ihres Weges zu begleiten und sie zu unterstützen, ist eine sehr spannende Aufgabe, denn alles ist möglich. Aus den größten Problemfällen kann Gott strahlende Persönlichkeiten machen. Er sieht unser Leben aus einer Perspektive, aus der er unseren gesamten Lebensweg überblickt. Nicht nur den Status quo.

Zurück zu meiner Jugendzeit. Das, was ich heute bin, habe ich neben Gott vielen Menschen zu verdanken. Sie haben sich Zeit genommen für mich. Haben an mich geglaubt, wenn ich es nicht mehr getan habe. Standen zu mir, wenn ich vor mir selbst weggelaufen bin. Sind zu mir gekommen, wenn alle anderen nichts mehr mit mir zu tun haben wollten.

Ich möchte auch so jemand werden. Jemand, der etwas von dem weitergibt, was er damals empfangen hat. Wenn Teenager die Krise kriegen, dann will ich für sie da sein. Und jetzt weiß ich auch wieder ein Stück mehr, wie das eigentlich geht.

Ich möchte dich ermutigen, SeelsorgerIn zu werden und zu sein. Durch diesen Dienst an jungen Leuten kannst du diese Welt bewegen – denn du weißt nie, welche Geschichte Gott mit den Menschen schreibt, um deren Seele du dich gesorgt hast!

Dein Torsten Hebel

Steffi Baltes

Teens und Seelsorge – brauchen die sowas überhaupt?

„Weißt du, ich geh jetzt in die Seelsorge ..."

„Neeeiiinnn – du??? Das glaub ich einfach nicht! Dir ging's doch immer ganz gut, oder?"

Vielleicht habt ihr ja auch schon einmal gehört, wie sich zwei Teenager so oder ähnlich unterhalten haben. Seelsorge – das klingt für viele zunächst schrecklich altmodisch und Angst einflößend. Oder einfach nur unnötig. Denn Seelsorge braucht man doch erst dann, wenn man total am Ende, wenn man richtig fertig ist, oder?

Bei Teenagern und auch bei jungen Mitarbeitern in unseren Gemeinden gibt es viele Ängste und Klischees rund um das Thema Seelsorge. Das ist wohl so, weil wir unsicher sind, was Seelsorge eigentlich bedeutet. Ist sie nur der letzte Ausweg für die, die ganz schlimm dran sind? Wann beginnt Seelsorge? Wie geschieht Seelsorge? Wie kann ich als Jugendmitarbeiter zum Seelsorger für die Teens werden?

Solchen und ähnlichen Fragen möchten wir in diesem Buch nachgehen, um dazu beizutragen, dass ihr als Mitarbeiter im Teenager- und Jugendbereich neugierig werdet auf die Möglichkeiten, die die Seelsorge für eure Arbeit bietet.

Wir möchten euch gerne anstecken mit einer Begeisterung für die Seelsorge – dafür, was sie im Leben von jungen Leuten bewirken kann und wie Lebensgeschichten positiv beeinflusst und verändert werden können.

Die „Sorge um die Seele" ist etwas sehr Zeitgemäßes, Schönes und Ermutigendes:

– *zeitgemäß* deswegen, weil sich viele Jugendliche in unserer hoch technisierten, global vernetzten Welt zunehmend verlorener und einsamer vorkommen. Wo werden wir noch ganz individuell wahrgenommen? Wer sorgt sich noch um uns als *ganzen* Menschen, als „lebendige Seele" – und nicht nur um unseren Körper, unsere Klamotten oder unseren Geldbeutel?

– *schön* deswegen, weil viele junge Leute durch eine seelsorgerliche Begleitung Hoffnung für ihr Leben und ihre Zukunft bekommen haben. Es ist einfach sehr schön, wenn man selbst als Seelsorger miterleben kann, wie Gott mit seiner heilenden Liebe in das Leben eines anderen hineinkommt.

– *ermutigend* deswegen, weil richtig verstandene Seelsorge den Einzelnen wertschätzt, aufrichtet und befähigt, als Geliebter und Geliebte Gottes Hand in Hand mit Jesus durchs Leben zu gehen.

Jesus, der Seelsorger

Zugegeben, wir können von Jesus ja eine ganze Menge lernen – aber auch in punkto Seelsorge? Ja, und wie! Schon sein Name sagt uns viel darüber, was ihn als Seelsorger ausmacht: In seinem hebräischen Namen „jeschuah" stecken Bedeutungen wie „befreien", „helfen", „weit machen" und „Raum schaffen".

Jesus war Seelsorger durch und durch. Seelsorge war für ihn kein Amt, das nur die besonders Geistlichen oder die Priester ausüben durften. Seelsorge gehörte zu seinem Leben. Ebenso selbstverständlich, wie Jesus mit Freunden zusammen war oder gemeinsam mit anderen aß, wurde er in vielen Begegnungen für andere zum Seelsorger. Das geschah einfach so, ohne Termin und Beratungszimmer. Weil er in enger Freundschaft mit Gott lebte, konnte er ganz natürlich für andere zum Seelsorger werden.

In den folgenden drei Begegnungen, die Jesus mit ganz unterschiedlichen Menschen hatte, wird einiges von dem sichtbar, was Jesus als Seelsorger ausmacht und was wir von ihm lernen können.

Die erste Begegnung findet in Samaria statt: Jesus, der Jude, ist mit seinen Freunden unterwegs. Er macht Rast an einem uralten Brunnen, den man noch heute in Sichem bzw. Nablus sehen kann. Während er sich dort ausruht, kommt eine samaritische Frau mit ihrem Wasserkrug. Jesus spricht sie an und bittet sie, ihm etwas zu trinken zu geben (Johannes 4).

Auf den ersten Blick ist das nichts Ungewöhnliches. Auf den zweiten Blick schon. Denn Juden und Samariter mochten sich nicht besonders. Normalerweise hätte ein Jude zur damaligen Zeit überhaupt nicht mit einem Samariter gesprochen, ganz zu schweigen mit einer Samariter*in*. Ein jüdischer Mann redete nämlich in der Öffentlichkeit nicht mit einer fremden Frau, das gehörte sich nicht.

In der gesellschaftlichen Hierarchie zur Zeit von Jesus stand die fremde samaritische Frau ganz weit unter Jesus, dem jüdischen Mann und Gelehrten. Jesus setzt sich über diese Vorurteile hinweg. Durch seine Bitte um Wasser stellt er einen ersten Kontakt zu der Frau her und nimmt sie als echtes und gleichwertiges Gegenüber wahr. Er bringt ihr Wertschätzung entgegen und lässt sich nicht von dem beeinflussen, was andere von ihr denken oder über sie sagen.

Jesus spricht die samaritische Frau auf ihre ganz persönliche Lebensgeschichte an, auf das, worunter sie leidet, was sie beschäftigt. Er nimmt sie ganzheitlich wahr und sieht nicht nur ihr Äußeres oder vielleicht die Maske, die sie zum Schutz aufgesetzt hat. Jesus versucht, tiefer zu sehen und zu verstehen, was die Frau zu der Persönlichkeit gemacht hat, die sie ist.

Jesus nimmt die Frau ernst. Er ist sich nicht zu schade, sie um Hilfe zu bitten. So kann sie ihm etwas von sich geben, und sei es auch nur ein Becher Wasser. Jesus hat eine Beziehung zu dieser Frau hergestellt. Nun entwickelt sich ein Gespräch zwischen den beiden. Die Frau merkt: „Hier ist jemand, dem ich nicht egal bin. Er achtet mich, und er möchte mir helfen."

In dieser Atmosphäre von Achtung und Vertrauen kann Jesus sie auf ihr Leben ansprechen – auf die Dinge, die sie verändern muss, wenn ihr Leben gelingen soll. Jesus sagt die Wahrheit – aber in Liebe. Und die Frau kann es annehmen und ist sogar dankbar dafür.

Jesus öffnet dieser Frau eine Tür zu einer Realität, von der sie bisher nichts geahnt hat. Er öffnet ihr die Tür zu Gottes Realität, in der es Liebe und Vergebung für sie gibt, eine Chance zum Neuanfang und einen Ort, wo sie Heilung und ein Zuhause finden kann. Gott will für die Frau zur Kraftquelle werden, aus der sie ihr Leben immer neu speisen kann. Von all dem hatte sie bisher nichts gewusst.

Manchmal braucht es Menschen, die einem die Tür zu Gott öffnen und einen ermutigen, selbst Erfahrungen mit dem "lebendigen Wasser" zu machen.

Was willst du?

Die nächste Begegnung, die uns etwas über Jesus als Seelsorger zeigt, findet in der Nähe von Jericho statt. Jesus kommt aus der Gegend um den See Genezareth und will nach Jerusalem. Auf seinem Weg liegt Jericho, auch „Palmenstadt" genannt, eine der ältesten Städte der Welt. Dort kommt er an dem blinden Bettler Bartimäus vorbei, der hinter ihm herruft: „Jesus, du Sohn Davids, hab Erbarmen mit mir!" (Markus 10)

Jesus bleibt stehen und nimmt sich Zeit für Bartimäus. Obwohl er sich doch denken kann, was Bartimäus von ihm möchte, fragt er ihn ernsthaft und aufmerksam nach seinem Wunsch. Jesus möchte dem blinden Mann die Gelegenheit geben, seine Bedürfnisse zu äußern. Endlich wird Bartimäus einmal von jemandem gefragt, was *er* eigentlich will. Sonst hat ihm wohl kaum jemand zugehört. Im Gegenteil, die Leute haben ihm eher den Mund verboten, so wie die Freunde von Jesus zunächst auch.

Bartimäus *darf* sagen, was er will – und er *soll* es auch. Jesus erlaubt ihm, sich etwas von Gott zu wünschen. Es ist wichtig und sicher ein erster Schritt zur Heilung, dass Bartimäus seinen Wunsch konkret und laut vor Gott ausspricht.

Jesus nimmt ihn ernst, indem er ihn nicht einfach gleich heilt, sondern ihn eine bewusste Entscheidung treffen lässt. Denn wenn

Bartimäus geheilt wird, dann bedeutet das eine ganze Menge an Veränderung für ihn – viel Positives natürlich, aber Bartimäus muss dann auch ganz neu lernen, Verantwortung für sein Leben zu übernehmen. Es ist so, als würde Jesus Bartimäus zu bedenken geben: „*Willst* du wirklich gesund werden? Das bedeutet Veränderung für dich. Es wird nicht immer einfach sein. Aber es lohnt sich."

Traurigkeit und Tränen

Die dritte Begegnung, von der ich euch erzählen möchte, findet in Bethanien statt, in einem Dorf in der Nähe von Jerusalem, das noch heute in seinem arabischen Namen „Al-Azarije" die Erinnerung an Lazarus trägt.

Jesus weint. Er weint um seinen Freund Lazarus, der gestorben ist (Johannes 11). Er weint mit Maria und Martha, seinen Freundinnen, den Schwestern von Lazarus. Er ist tief bewegt.

Es ist ganz natürlich, dass wir bewegt sind, wenn uns jemand an seinem Leben und an seinem Leiden Anteil haben lässt. Wir dürfen das ruhig zulassen und zeigen. Wir müssen unsere Tränen oder unser Bewegtsein nicht unterdrücken. Schließlich sind wir Menschen, die miteinander auf dem Weg sind, und ein Stück Leben teilen.

Auch in einer seelsorgerlichen Beziehung haben Emotionen ihren Platz. Der Seelsorger darf zeigen, wenn er emotional berührt ist, und auch weinen, wenn der andere weint. Gemeinsam zu trauern hat etwas Heilsames.

Jesus wird von seinen Emotionen aber nicht überwältigt oder handlungsunfähig. Seine Trauer und sein Mitleiden lähmen ihn nicht so sehr, dass er den anderen nicht mehr helfen könnte. Denn auch in dieser scheinbar ausweglosen Situation sieht er eine Chance – die Chance, dass Gott zum Zuge kommen und eingreifen kann. In dieser emotional aufgeladenen Situation handelt er im Einklang mit Gott und aus der Hoffnung heraus, dass Gott sich auch in den schlimmsten Lebenssituationen offenbaren kann und will.

Jesus steht vor dem Grab seines Freundes. Es ist in einen Felsen gehauen, und man hat einen großen Stein vor die Öffnung gerollt. Lazarus liegt darin, in völliger Dunkelheit und Einsamkeit, am ganzen Körper mit Grabtüchern umwickelt. Keine schöne Vorstellung, einen Menschen, den man lieb hat, so vorzufinden.

Jesus beauftragt einige, die dabeistehen, den Stein von der Öffnung wegzurollen. Dann ruft er laut: „Lazarus, komm heraus!" Und Lazarus kommt heraus. Jesus hat ihn aus seiner Dunkelheit und Gefangenschaft herausgeholt. Er hat die Macht, Tote wieder lebendig zu machen.

Auch in der Seelsorgearbeit mit jungen Menschen können wir auf diesen kraftvollen Herrn zählen. Das macht mir Hoffnung. Denn wenn Jesus selbst den Tod besiegt und Lazarus aus seinen

Grabtüchern befreit hat, dann kann er auch die, die uns anvertraut sind, befreien. Wir haben einen starken Herrn an unserer Seite, der uns hilft, den Stein von so manchem inneren Gefängnis wegzurollen. Wir arbeiten zusammen mit Jesus daran, dass junge Leute aus ihrer persönlichen Dunkelheit und Traurigkeit herauskommen. Und wir dürfen sie mit Gottes heilsamem Licht bekannt machen, das ihnen neue Kraft zum Leben schenkt.

Wie hat Jesus seinen seelsorgerlichen Auftrag verstanden?

Jesus ist in Nazareth aufgewachsen, damals ein kleines unbedeutendes Dorf in Galiläa, heute eine moderne arabische Stadt. Eines Tages besucht er sein altes Heimatdorf wieder und geht, da er ja ein gläubiger Jude ist, am Sabbat in die Synagoge (Lukas 4). Gemeinsam mit anderen feiert er Gottesdienst und wird aufgefordert, etwas aus dem Buch des Propheten Jesaja vorzulesen. Er findet folgende Passage und liest laut:

„Der Geist des Herrn hat mich gesandt, den Armen die frohe Botschaft zu bringen und die Verzweifelten zu trösten. Ich rufe Freiheit aus für die Gefangenen, ihre Fesseln werden nun gelöst und die Kerkertüren geöffnet." (Jesaja 61,1)

Alle in der Synagoge starren ihn an. Denn er hat diese Worte mit solcher Autorität gelesen, als würden sie sich auf ihn selbst beziehen. „Aber das kann doch nicht sein", tuscheln sie untereinander, weil sie Jesus noch als kleinen Jungen auf den Straßen Nazareths spielen gesehen haben. „Ist sein Vater nicht der Josef, der seine Werkstatt direkt bei uns um die Ecke hat? Was erlaubt dieser Jesus sich? Was denkt er denn, wer er ist?"

Jesus weiß, wer er ist und welche Vollmacht er von Gott bekommen hat. Deshalb antwortet er denen, die ihn ungläubig, fragend oder spöttisch anschauen: „Heute hat sich diese Voraussage des Propheten erfüllt" (Lukas 4,21). Jesus bezieht die Worte aus dem Buch Jesaja auf sich. *Er* ist derjenige, von dem Jesaja mehr als 700 Jahre vorher gesprochen hat. Er ist der vollkommene Seelsorger, Heiler, Befreier und noch viel mehr. Die Worte Jesajas beschreiben den Auftrag von Jesus, sei es für seine seelsorgerlichen Begegnungen oder auch für andere Bereiche seines Dienstes.

Und was haben sie mit uns zu tun? Sehr viel! Denn als Freunde und Freundinnen von Jesus treten wir in seine Fußstapfen. Wir wollen ihm ähnlicher werden und so leben und handeln wie er. Dieser Auftrag, der das Leben und Handeln von Jesus charakterisiert, gilt also auch uns! Genau das ist es, wozu Jesus uns in der Seelsorgearbeit mit Teenagern beruft. Als seine Freunde dürfen wir nach und nach von ihm lernen, was Seelsorge heißt.

Jesus lässt uns damit nicht alleine. Er hat uns seinen Heiligen Geist geschenkt, der uns dabei hilft, den Teenagern die tolle Botschaft zu bringen, dass Gott auf ihrer Seite und erfahrbar ist. Denn wir sollen die Verzweifelten trösten und sie aus ihrem Kerker befreien, den sie sich selbst gemacht oder in den andere sie gesteckt haben.

Anche Rahn

Eine ziemlich heftige Mission

Von diesem großen Auftrag wird sich der eine oder die andere sicherlich überfordert fühlen. Das ist auch in Ordnung. Wir sind nicht Jesus. Aber wir haben ihn auf unserer Seite. Deshalb wollen wir euch ermutigen, euch auf das Abenteuer der Begegnung und der Seelsorge mit Teens einzulassen.

Wenn du Mitarbeiterin oder Mitarbeiter in der Jugendarbeit bist, wirst du eine Menge darüber wissen, wie Teenager sind und wie sie mit ihren Problemen umgehen. Oftmals werden sie nicht offen darüber reden wollen, jedenfalls nicht in einem „offiziellen" Seelsorgegespräch. Vielmehr kann man an ihrem Verhalten merken, dass irgendetwas nicht stimmt. Oder sie vertrauen es der besten Freundin oder dem Kumpel an. Manchmal machen sie nur Andeutungen darüber und verpacken ihre Ängste oder Fragen in Ironie und Witze.

Teenager sind eine besondere Sorte Menschen. Sie bewegen sich auf dem dünnen Eis des Nicht-mehr-Kind- und Auch-noch-nicht-erwachsen-Seins. Ihnen ist es bei Schwierigkeiten oder Sorgen nicht mehr möglich zur Mama zu rennen und sich auszuheulen und darauf zu hoffen, dass dann alles wieder gut ist. Genauso wenig haben sie die Reife und Erfahrung, angemessen und „erwachsen" reflektiert auf Schwierigkeiten zu reagieren (was auch Erwachsene nicht immer tun). Teenage bedeutet dazu noch den Kontrollverlust über die Hormone. Diese Zeit ist gekennzeichnet durch Veränderung, Chaos der Gefühle und der Suche nach dem Selbst.

Deshalb glauben wir, dass gerade in dieser Lebensphase das Angebot einer guten, einfühlsamen Begleitung notwendig ist. Vor allem, weil in vielen Familien häufig eine solche Begleitung fehlt und keine freundschaftliche, vertrauens- und respektvolle Beziehung zwischen den Heranwachsenden und ihren Eltern existiert. Oder die Teens möchten sich eben aus Abgrenzungsgründen nicht mehr an ihre Eltern wenden.

Und leider scheint es auch in den Gemeinden nicht sehr viele angemessene Angebote für Teens zu geben. Ich erinnere mich gut daran, dass Seelsorge für mich während meiner Teenagerzeit vor allem etwas mit dem Bekenntnis schwer wiegender Verfehlungen zu tun hatte. Auf Jugendveranstaltungen bin ich immer mit einem mulmigen Gefühl an den Zimmern mit dem Schild „Seelsorge" vorbeigeschlichen. Offensichtlich gibt es in den Gemeinden nicht genügend Ansprechpartner für Jugendliche. Das lässt sich unter anderem daraus schließen, wie zahlreich das Angebot des „Help"-Teams der Zeitschrift *TeensMag* in Anspruch genommen wird.

Natürlich kann Seelsorge auch Beichte und Bekenntnis von Schuld beinhalten. Aber sie ist noch viel mehr. Seelsorge ist die Begegnung und die Wertschätzung eines Menschen. Seelsorge mit Jugendlichen bedeutet auch nicht zuletzt, Interesse an und Spaß mit Jugendlichen zu haben. Wir sind überzeugt: Echtes Interesse an Jugendlichen und ihrer Lebenswelt ist eine Grundvoraussetzung für den/die SeelsorgerIn. Wenn wir Teenager unterstützen und begleiten wollen, dann müssen wir ihre Sprache sprechen, oder zumindest verstehen. Wir sollten uns für ihre Kultur, ihre Gedanken und Themen interessieren. Wir müssen bereit sein, uns wirklich auf sie einzulassen, ohne vorher schon die Nase zu rümpfen oder das Ziel zu haben, sie uns und unseren Formen anzupassen. Dies gilt auch in besonderer Weise innerhalb der Gemeinde. Jugendliche werden immer, sei es aus Abgrenzung, Protest oder Frust, andere Formen der Frömmigkeit entwickeln, als sie es von ihren Eltern und deren Generation kennen. Und das ist gut so! Oder sie werden sich ganz vom Glauben und der Gemeinde abwenden. Deshalb ist es entscheidend, dass die Gemeinden offen sind für das Anderssein der Jugendlichen und von ihnen lernen wollen. Auf diese Weise wird es möglich sein, Jugendliche zu integrieren, und ihnen Lebenshilfe, Begleitung und Orientierung zu geben.

All dies schließt unseres Erachtens Seelsorge mit ein. Seelsorge ist also ein Angebot der Akzeptanz, der Kommunikation, der Orientierungshilfe, der Begleitung beim Erwachsenwerden, der Ermutigung und auch der Ermahnung. Wir verstehen Seelsorge als Ort der Hilfe und der Heilung, als einen Ort, an dem Jugendliche bestätigt und gesegnet werden. Diesen Ort gilt es zu gestalten. Selten ereignet sich diese positive Form der Seelsorge von selbst. Es ist an uns, aktiv und durchdacht solche Begegnungen zu schaffen. Zum Beispiel mit Lena.

Lenas Story

Lena ist 15 Jahre alt und total in Tom verknallt. Leider ist Tom mit Jana zusammen, Lenas bester Freundin. Alle drei sehen sich nicht nur regelmäßig in der Schule, sondern gehen auch in die gleiche Teensgruppe der Gemeinde. Und dann war da der letzte Samstag. Party bei Marius, ziemlich coole Stimmung, gute Musik und echt viel Fun. Eigentlich schade, dass Jana gerade an diesem Tag mit einer fiesen Erkältung im Bett lag. Na ja, fast alle hatten ihr eine SMS mit vielen guten Wünschen geschickt – außer Lena. Die hing die ganze Zeit mit Tom zusammen. Genau genommen hing sie an seinen Lippen. Zuerst nur im übertragenen Sinn und dann wirklich. Erst geflirtet, und dann geknutscht.

Die Krise kam am Montag. Zurück im Alltag, zurück in der Schule, wo Jana, noch etwas blass um die Nase, an Tom rangekuschelt auf Lena wartet ...

Bei Lena bleibt das Gefühl von Leere zurück, von Ausgenutzt-worden-Sein, sie empfindet Ablehnung, Enttäuschung und Scham. Lange kämpft sie damit. Sie versucht, ihr Verhalten vom Samstag zu bagatellisieren und macht Tom dafür verantwortlich. Gleichzeitig fühlt sie sich ihrer Freundin gegenüber schuldig. Sie ist so durcheinander. Und sehnt sich neben all dem nach einer Beziehung, nach einem Freund, dem sie wirklich etwas bedeutet. Sie sehnt sich nach jemandem, der ihr zeigt, wie wertvoll sie ist.

Wer in der Jugendarbeit kennt Lenas Problem nicht? Das alte und doch immer wieder aktuelle Thema „Verliebtsein". Jeder, der sich in der Jugendarbeit engagiert, wird unweigerlich damit konfrontiert. Liebe und alles, was mit ihr zusammenhängt, ist für Teenager eine der ganz zentralen Erfahrungen. Viele Fragen, Gedanken, Hoffnungen und auch Ängste ranken sich um dieses Thema. Wer mit wem? Wer mit mir? Mag mich jemand? Wie komm' ich an ihn ran? Beachtet sie mich überhaupt? Wer ist der andere Typ da neben ihr? Wie weit können wir gehen?

Von außen betrachtet erscheinen diese Situationen vielleicht witzig oder niedlich, unkompliziert oder harmlos – für einen Teenager sind sie jedoch existenziell und können entsprechend auch himmelhohes Jauchzen oder Todesbetrübnis auslösen. Deshalb ist es ungemein wichtig, sich in das Empfinden und Fühlen der Jugendlichen hineinzudenken, die Situation sozusagen durch die Brille der Jugendlichen zu betrachten und wirklich sensibel und aufmerksam zu sein.

Rückzug oder Schweigen, aber auch Gereiztheit oder übermäßiges Reden und Aufgekratztsein können unter anderem Anzeichen für Probleme oder Ängste sein. Allerdings ist es wichtig, nicht zu viel zu interpretieren. Teenager gehen typischerweise in dieser Zeit durch ein Wechselbad der Gefühle, die nicht immer einen schwer wiegenden Grund haben müssen. Haben sie aber einen Anlass dafür, nicht im Lot zu sein, brauchen sie eine Atmosphäre, in der Offenheit und Akzeptanz herrschen.

Seelsorge – eine Aufgabe für alle MitarbeiterInnen?

Im Prinzip ja! In der Jugendarbeit ist es unerlässlich, dass alle Mitarbeiterinnen und Mitarbeiter selber offen und ehrlich sind. Sie sollten von sich, ihren Problemen und Schwächen reden können. Für die Teenager muss deutlich werden, dass die Menschen um sie herum ebenfalls Probleme und eigene Ecken und Kanten haben. Unsere Erfahrung zeigt, dass dort, wo jemand offen von sich selber erzählen kann, echte Gespräche und Begegnungen stattfinden. Natürlich ist hierbei der Rahmen zu beachten, in dem diese Offenheit praktiziert wird. Die Jugendgruppe kann nicht der Ort sein, an dem die Probleme der Mitarbeiter im Mittelpunkt stehen. Vielmehr soll die eigene reflektierte Offenheit den Teenager ermutigen, über sich selbst zu reden. Deswegen ist es wichtig, dass jeder, der mitarbeitet, selber einen Ort hat, an dem ihm jemand zuhört.

Häufig ist es so, dass viele Mitarbeiter und Mitarbeiterinnen selbst aus der Gruppe der Teenager kommen und im Laufe der Zeit älter geworden und so in die Mitarbeit hineingewachsen sind. Das bringt manchmal das Problem mit sich, dass die Frage der Beziehungsebene nicht geklärt ist. Vor allem wenn auf der einen Seite versucht wird, den Teens besonders nahe und ähnlich zu sein – im Aussehen, in der Sprache etc. – , auf der anderen Seite aber ein gewisses Maß an Reife und Autorität für die Seelsorge wichtig sind. Entscheidend ist hier sicherlich, dass sich der Einzelne über sich und seine Aufgabe wie auch seine Rolle im Klaren ist.

Vereinfacht gesagt: Wir bewegen uns auf drei Beziehungsebenen. Die erste Ebene, auf der wir uns vermutlich meistens befinden, ist die der Gleichen unter Gleichen, auch Peergroup genannt. In der Regel sind das Freunde und Bekannte. Die Beziehungen sind im Großen und Ganzen partnerschaftlich und gleichberechtigt. Die zweite Ebene ist die des Mentors. Hier sind wir Vorbilder für andere, die von uns etwas lernen wollen, weil wir ihnen etwas an Lebenserfahrung oder auch Wissen voraushaben. Die dritte Ebene ist die, auf der wir selbst Mentorees sind, das heißt Lernende oder, allgemeiner gesagt, Empfangende.

Dieses Modell kann zur inneren Klärung unserer Beziehung zu den Teenagern beitragen. Wir möchten Mut machen, für sich selber die eigene Position zu definieren, um dann in der jeweiligen Situation gezielter handeln zu können. Jemand, der von einem Teenager um Beratung oder Seelsorge gebeten wird, sollte sich darüber im Klaren sein, wie er dem Teen gegenübertritt. Das schützt zum einen den Hilfesuchenden und auf der anderen Seite auch den Mitarbeiter, der sich sonst in bestimmten Situationen überfordern könnte.

Seelsorger sein bedeutet immer, verantwortlich mit dem anderen, aber auch mit sich selber umzugehen. Und das kann heißen zu merken, dass man selbst überfordert ist. Dann ist es gut und legitim, sich nicht auf diese seelsorgerliche Beziehung einzulassen. Es ist auch hilfreich und wichtig, einfach nur Freund oder Freundin zu sein und eventuell eine andere Person als Seelsorger zu empfehlen. Wenn jemand aber Seelsorger ist, dann ist er in besonderer Weise als Mensch und auch als Vorbild gefordert und trägt eine große Verantwortung für das, was er tut.

Akzeptanz und Offenheit

Wenn Teenager ehrlich über sich reden und Einblick in ihr Leben gewähren, dann kann das so manches Mal Unverständnis bis hin zu völliger Ablehnung auslösen. Vermutlich haben viele Teenager diese Reaktionen schon häufig bei Erwachsenen wahrgenommen. Umso wichtiger ist es, dass wir ihnen innerhalb der Gemeinde nicht auch noch voreingenommen und ablehnend entgegentreten. Egal mit welchen Geschichten, Ansichten und Erfahrungen sie zu uns kommen: Wir sollten ihnen zuhören und sie akzeptieren. Das heißt nicht, dass wir alles gut und richtig finden müssen. Es heißt, dass die Jugendlichen bei uns einen Ort finden, an dem sie sich zeigen dürfen und angenommen werden, wie sie sind.

Zurück zu Lena:

Im Jugendkreis fällt auf, dass Lena zurückhaltender und stiller geworden ist. Vor allem ein Mitarbeiter, Johannes, nimmt diese Veränderung an Lena wahr. Nach einiger Zeit spricht er Lena an und fragt sie, ob es ihr gut gehe. Lena druckst herum, erzählt von vielen schwierigen Klassenarbeiten und Stress mit ihrer kleinen Schwester. Johannes hört zunächst einmal nur zu und lässt das, was Lena ihm gesagt hat, so stehen, obwohl er ahnt, dass Lena nicht nur wegen der Schule und der kleinen Schwester bedrückt ist. Bei den nächsten Begegnungen beachtet er Lena intensiver, spricht sie öfter an und bezieht sie in Aktivitäten der anderen bewusster ein.
Johannes wartet auf Lenas Bereitschaft, sich selber zu öffnen. Und er weist noch eine andere Mitarbeiterin des Teams auf Lenas deprimierte Stimmung hin. Lena selbst ist so abgrundtief traurig über sich selbst, über ihr Verhalten und ihre Einsamkeit, dass sie kaum noch essen kann, sich immer mehr zurückzieht und auch fast keinen Kontakt mehr zu ihrer Freundin Jana hat. Jana merkt das allerdings nicht so deutlich, weil sie die meiste Zeit mit Tom verbringt.

Johannes ist sensibel und offen für Lenas Signale. Er bemerkt, dass sich an Lena etwas verändert hat. Er reagiert darauf, indem er sie beachtet, mit ihr spricht und einfach da ist. Das ist in der Teensarbeit von immenser Bedeutung: das ganz lockere und nicht bedrängende Beziehungsangebot. Einfach nur da sein. Dem Teenager Raum zugestehen und nicht mit der Tür ins Haus fallen. Viele Teenager, die in christlichen Gemeinden aufwachsen, machen die Erfahrung, dass Erwachsene dann Anteil an ihrem Leben nehmen, wenn es um entscheidende und ernste Dinge geht. Was ein Teenager in dieser Phase seines Lebens aber viel eher braucht, ist jemand, der reifer und erwachsener ist als er selbst und ihn in allen Bereichen, den banalen und den ernsten, begleitet und Anteil nimmt an seinem gesamten Leben. Simpler gesagt: Der Teen benötigt jemanden, der da ist, mit ihm spricht und offen ist für alles, was kommt. Das gilt vor allem für Jungs, die sich häufig besonders schwer damit tun, bewusst über sich selbst und ihre Probleme zu reden.

Wenn innerhalb einer Jugendgruppe zwischen den Teens und den Mitarbeitern eine freundschaftliche und vertrauensvolle Atmosphäre herrscht, dann ist das schon Seelsorge. Die Sorge und die Fürsorge, um ein altes Wort zu benutzen, tun dem Jugendlichen und seiner Seele gut, vor allem vor dem Hintergrund von immer weniger funktionierenden Familiensystemen.

Anche Rahn

Der Einstieg

Nun wieder zurück zu Lena, die sich in ihrer Jugendgruppe eigentlich wohl fühlt und auch registriert hat, dass Johannes sich in der letzten Zeit besonders um sie bemüht.

An einem Freitagabend nach dem Jugendmeeting sieht Lena, dass Tom und Jana Hand in Hand aus dem Gemeindezentrum verschwinden. In ihr steigen Wut und Enttäuschung hoch. Mit Mühe erreicht sie die Toilette und fängt an zu weinen. Fast eine halbe Stunde bleibt sie dort, weil sie sich nicht beruhigen kann. Sie denkt darüber nach, nie wieder in den Teenkreis zu gehen, um Tom und Jana nicht mehr so oft sehen zu müssen. Auf der anderen Seite trifft sie sich hier aber mit ihren meisten Freunden. Sie denkt auch darüber nach, mit Johannes oder jemand anderem von den MitarbeiterInnen zu sprechen, weiß aber nicht, wie sie das anfangen soll, da sie sich für ihr eigenes Verhalten schämt. Und irgendwie ist es ihr auch peinlich, dass sie sich selbst so wenig helfen kann. So schlimm ist ihr Problem doch gar nicht. Und wer weiß, wer das dann sonst noch so mitkriegt?! All das geht ihr durch den Kopf, während sie versucht, die Tränenspuren zu beseitigen. Was ihr allerdings nicht so gut gelingt, denn immer wieder taucht das Bild von Tom und Jana auf.

Trotz dieser verwirrenden Gedanken und Gefühle beschließt sie spontan, doch mit jemandem zu reden. Sie nimmt ihren ganzen Mut zusammen und geht direkt zu Johannes, denn dem vertraut sie im Moment am meisten.

Motivation und Initiative

Den entscheidenden Schritt hat Lena getan. Sie ergreift die Initiative und spricht jemanden an, um über sich und ihr Problem zu reden. Besonders in der Jugendarbeit, aber auch in allen anderen helfenden und beratenden Zusammenhängen ist es wichtig, dass nicht die Mitarbeiter ihre Hilfe und Beratung aufdrängen, sondern warten können, bis sich der Jugendliche an sie wendet. Teenager wollen vor allem cool und souverän sein. Sie sind in einer Phase ihres Lebens, in der sie sich von den Eltern und deren Aufsicht lösen. Sie wollen nicht automatisch in die Bevormundung durch einen anderen Erwachsenen geraten. Außerdem ist der Seelsorgeprozess wesentlich einfacher, wenn der Teenager die Motivation selber aufbringt.

Gespräche zwischen Tür und Angel

Es ist gut, wenn wir darauf vorbereitet sind, dass Teenager mit ihren Problemen und Sorgen zu uns kommen. Jugendarbeit sollte nicht nur Fun und Action sowie die geistlichen Aspekte beinhalten, sondern die Begleitung des Jugendlichen in allen Bereichen, das heißt auch in seinen emotionalen und psychischen Bedürfnissen. Der Bedarf ist mit Sicherheit da.

Typischerweise beginnen Seelsorgeprozesse häufig als Gespräche zwischen Tür und Angel – sozusagen aus dem Bauch heraus, weil

Teens oft aus einem Impuls heraus reden und handeln. Ein Problem, ein Gefühl gelangt massiv an die Oberfläche und will sofort gelöst werden. Es liegt in der Natur der Dinge, dass sich die meisten Probleme nicht so einfach und schnell lösen lassen. Aber für den Teenager ist es immens wichtig, eine sofortige emotionale Entlastung zu erfahren, wenn die Probleme und die damit verbundenen Gefühle überhand zu nehmen scheinen. Wenn in einer solchen Situation dem Mitarbeiter deutlich wird, dass hier mehr notwendig ist als ein „Sich-Ausweinen" oder „Mal-eben-getröstet-Werden", kann es trotzdem gut sein, nicht gleich mit der Tür ins Haus zu fallen und Seelsorge anzubieten.

Das Angebot eines eventuell längeren Seelsorgeprozesses sollte man dem Teen unserer Ansicht nach sehr vorsichtig und weise offerieren. Teenager können sehr sensibel darauf reagieren, wenn sie scheinbar entmündigt oder aus ihrer Sicht zum „Problemfall" gemacht werden. Jugendliche wollen und müssen ihre Autonomie bewahren können. Erst dann ist eine echte und konstruktive Zusammenarbeit, ein wirkliches Miteinander-Reden und Weiterkommen möglich. Das bedeutet, dass es kein Patent-Rezept für Seelsorge geben kann – weder was den Rahmen noch was die Inhalte angeht. Beratung und Seelsorge sind immer individuell.

Lena hat diese Erfahrung gemacht. Sie hat in Johannes jemanden gefunden, der zunächst einmal zugehört hat, ohne gleich zu problematisieren.

Zunächst fühlt Lena sich erleichtert. Endlich ist sie dieses doofe Schuldgefühl los. Johannes war echt total nett. Hat ihr überhaupt nicht ins Gewissen geredet, sondern ihr unheimlich viel Verständnis entgegengebracht. Damit hatte sie nun wirklich nicht gerechnet.

Aber nach einigen Tagen merkt sie, dass sie es doch nicht so gut abkann, wenn sie Jana und Tom zusammen sieht. Und wieder bricht dieses riesengroße Gefühl der Einsamkeit auf. Sie sehnt sich so sehr nach jemandem. Nach Tom. Oder eben einfach nach einem Freund.
Warum nur haben alle anderen einen, nur sie nicht? Lena beginnt mal wieder, sich selber ganz kritisch zu sehen. Als sie fast 13 war, hatte sie schon einmal so eine Phase, in der sie sich immer und immer wieder mit anderen verglich. Eigentlich dachte sie, sie hätte das hinter sich gelassen. Aber jetzt sind diese Fragen und das Vergleichen wieder da: Sehe ich nicht so gut aus wie die anderen? Bin ich vielleicht zu dick? Oder zu unsportlich? Warum habe ich nur immer so blöde Pickel und die anderen nicht? O Mann, Jana mit ihrer Model-Figur. Und immer dieses coole, lockere Lächeln. Manchmal möchte sie am liebsten kotzen.

Respekt und Einfühlungsvermögen

Was Lena sofort gebraucht hat, hat sie bekommen: ein offenes Ohr, jemand, der Zeit für sie hat und sie ernst nimmt. Damit hat Johannes angemessen und hilfreich reagiert. Lena fand ihn *nett*. Johannes war empathisch. Empathie meint die Bereitschaft und Fähigkeit einer Person, sich in die Gedanken und Emotionen eines anderen einzufühlen.

Einfühlsamkeit und Achtung vor dem anderen sind zentrale Anforderungen an einen Seelsorger und Berater. Das heißt nicht, dass jedes Verhalten und alle Gefühle verstanden und als richtig und gut empfunden werden müssen; das ist sicherlich unmöglich, weil wir alle unterschiedlich sind, unterschiedlich handeln und unterschiedlich empfinden. Es bedeutet vielmehr, die Sichtweise und Gefühle des anderen zu erkennen – und anzuerkennen. Und zwar als die Gefühle eines Hilfesuchenden, die nicht mit den eigenen

deckungsgleich sein müssen. Diese Unterscheidung ist sehr wichtig. Das Einfühlen in den anderen heißt immer, bei seinen/ihren Gefühlen zu sein und nicht bei den eigenen. Dabei ist es in Ordnung und sogar wichtig, die eigenen Gefühle wahrzunehmen, aber immer mit dem Wissen, was meine und was die Gefühle des anderen sind.

In der Bibel wird im Brief von Paulus an die Gemeinde in Rom (Kapitel 12, Vers 15) diese zentrale Eigenschaft einer Seelsorgerin/eines Seelsorgers so ausgedrückt: „Freut euch mit den Fröhlichen und weint mit den Weinenden!" Besser kann man Empathie nicht beschreiben. Bezogen auf unser Beispiel bedeutet das, dass Johannes wirklich erspüren und verstehen wollte, was Lena bewegt, und nicht sich und seine Sicht der Dinge mit ins Spiel gebracht hat.

Gerade in der Teenagerseelsorge ist die Gefahr groß, die Probleme und die Situation der Teens nicht wirklich ernst zu nehmen. Natürlich haben wir als ältere MitarbeiterInnen mehr Lebenserfahrung und vermutlich auch mehr Gelassenheit (und vielleicht auch noch lebhafte Erinnerungen daran, dass uns im Teenage die gleichen Probleme beschäftigt haben). Aber das hilft dem Jugendlichen nicht weiter. Denn das ist unsere Erfahrung und nicht seine.

Er oder sie muss eigene Erfahrungen machen und auch den eigenen Weg gehen. Das heißt auch, eventuell Entscheidungen zu treffen oder zu handeln, wie wir es aus unserer Perspektive nicht tun würden. Aber es geht ja auch nicht um uns, sondern um einen jungen Menschen, der dabei ist, sich zu entfalten, seine Welt zu entdecken, Position zu vielen existenziellen Fragen zu beziehen und seinen ganz eigenen Platz im Leben zu finden. Wenn die Teens das wollen, ist es sehr wertvoll, wenn wir sie dabei einfühlsam begleiten und ihnen wirklich mit Achtung und Respekt begegnen.

Ziel der Seelsorge

Und wieder zurück zu Lena. Sie merkt, dass sich durch das erste Gespräch mit Johannes nicht wirklich etwas verändert hat. Ihre Probleme haben sich offensichtlich verlagert. Sie ist nicht mehr so sehr mit der aktuellen Situation beschäftigt, sondern es tauchen tiefer liegende Gründe für ihr Verhalten auf.

Ziel einer begleitenden und hilfreichen Seelsorge sollte sein, diese Ursachen aufzudecken und die daraus resultierenden Verhaltensweisen zu verändern, wenn sie als falsch oder entwicklungshemmend erkannt werden.

Zum besseren Verstehen eines Teens kann es sinnvoll sein, sich als SeelsorgerIn die Frage nach dem „Warum?" zu stellen. Nicht als direkte Frage an den Teenager, sondern sozusagen als innere Frage des Seelsorgers. In unserem Fall könnten die Warum-Fragen lauten: „Warum lässt sich Lena auf den Flirt mit Tom ein?" „Warum tut sie das, obwohl sie es eigentlich doch nicht will?" „Was steckt dahinter?" „Warum sehnt sie sich so sehr nach einem Freund?" „Warum vergleicht sie sich immer wieder mit anderen, obwohl sie doch ein echt tolles Mädchen mit vielen Gaben ist?"

Der Seelsorger muss verstehen, dass ein bestimmtes Verhalten oder auch Haltungen, die jemand einnimmt, nicht einfach aus dem Nichts auftauchen, sondern immer das Resultat innerer Vorgänge und häufig unbefriedigter Bedürfnisse sind. Seelsorge soll dazu verhelfen, diese Bedürfnisse und Sehnsüchte zu erkennen und an der richtigen Stelle nach Erfüllung zu suchen. Von zentraler Bedeutung ist, dass die Bedürftigkeit und die Sehnsucht als solche nicht schlecht oder falsch sind. Die Frage ist nur, wo und wie nach ihrer Befriedigung gesucht wird.

Über diese Fragen nachzudenken, ist Teenagern naturgemäß eher fremd. Und es wäre auch nicht hilfreich, den Teenager danach zu fragen, was denn die eigentlichen Gründe für sein Verhalten und seine wirklichen Bedürfnisse sind. Dies ist vielmehr der Inhalt und das Ziel einer längerfristigen Begleitung und Seelsorge: Es geht darum, dass der Teen für sich selbst entdeckt, erspürt und erkennt, was die Grundmotive seines Handelns sind, was er sich wünscht, wonach er sich sehnt und wie er damit realistisch umgehen will.

Jungs und Seelsorge

Noch ein paar Anmerkungen zur Seelsorge mit Jungs. Dass Mädchen anders sind als Jungs, ist sicherlich keine Neuigkeit. Mädchen fällt es in der Regel leichter, über sich zu reden, auch über das, was sie bewegt oder ihnen Sorgen bereitet. Vielfach sind sie auch eher bereit, sich konkrete Hilfe zu suchen. Seelsorge- und Beratungsangebote werden wesentlich häufiger von Mädchen und Frauen in Anspruch genommen, vor allem auch im Teenage. Jungs hingegen versuchen eher, ihre Probleme selber zu meistern.

Dafür gibt es vielfältige Gründe. Einer liegt darin, dass Jungs in diesem Alter vor allem zeigen wollen, dass sie eigenständig und stark sind. Ein anderer Grund ist, dass es wenig männliche Vorbilder gibt, die über sich und ihre Probleme offen reden, die vorleben, dass es nichts mit Schwäche zu tun hat, sich Hilfe und Unterstützung zu holen. Bleibt die Frage, wie man Jungs trotzdem eine für sie passende Möglichkeit zum Reden anbieten kann. Denn der Bedarf ist da, auch wenn die Jungs das nicht direkt zeigen. Seelsorge ereignet sich bei männlichen Teens eher spontan und in Situationen, die ursprünglich nichts damit zu tun hatten. Das heißt, dass es oft gar nicht von dem Jugendlichen geplant war, über sich zu reden, es dann aber doch zu einem tiefer gehenden vertraulichen Gespräch kommen kann. Dazu bedarf es einer insgesamt vertrauensvollen Atmosphäre und der Offenheit und Sensibilität der Mitarbeiter. Sie sollten darauf vorbereitet sein, dass es eben auch Gespräche gibt, die zwischen Cola und Kicker in die Tiefe gehen können. Die Normalität der Situation erleichtert es Jungs, über sich selber zu reden. Wenn es zu einem solchen Gespräch kommt, dann ist neben dem genauen Zuhören eine besondere Form des Feedbacks hilfreich: das Coaching. Coachen meint: vorhandene Fähigkeiten unterstützen und trainieren. Dabei geht es darum, das Potenzial des Jugendlichen zu fördern. Durch das Coaching sollen Jungs in ihrer Persönlichkeit, aber auch in ihrem Mannsein bestärkt und bestätigt werden. Nicht dass Mädchen diese Form von Bestätigung nicht auch bräuchten, aber für Jungs in diesem Alter ist sie extrem wichtig, gerade weil sie so häufig fehlt. Als heranwachsende junge Männer sind sie oft verunsichert. Positive Bestätigung von außen ist in dieser Phase sehr wichtig, bietet Reifungschancen und setzt Gaben frei.

Natürlich ist das nicht die einzige Form von Seelsorge für Jungs. Es gibt auch die gezielte und längerfristige Begleitung. Sie unterscheidet sich nicht grundsätzlich von der Seelsorge mit Mädchen. Aber als Mitarbeiter in der Teenagerarbeit sollten wir darauf vorbereitet sein, dass erstens mehr Mädchen gezielt Seelsorge in Anspruch nehmen, und dass wir zweitens den Jungs eine für sie passende Gesprächsmöglichkeit bieten. Es kommt darauf an, in den alltäglichen Begegnungen mit ihnen für alles offen zu sein, was kommt – für den oberflächlichen Talk genauso wie für das echte und offene Gespräch.

Anche Rahn

Step by Step – konkrete Schritte

Lena bemerkt nach einiger Zeit, dass alte Probleme und Selbstzweifel wieder in ihr aufsteigen. Für sie scheint sich ein Kreislauf zu wiederholen, den sie schon seit längerem kennt. Und darauf sie hat keinen Bock mehr! Sie will das endlich hinter sich lassen.
Johannes hat ihr bei dem Gespräch vor ein paar Wochen gesagt, dass sie jederzeit wieder mit ihm reden kann. Außerdem haben auch andere MitarbeiterInnen im Teenkreis von Seelsorge und so gesprochen. Vielleicht sollte sie das mal ausprobieren? Aber wie wird das wohl sein? Ist das nicht etwas für die ganz harten Fälle? Für die, die überhaupt nicht mehr klarkommen? Was soll sie sich unter Seelsorge genau vorstellen?

Jetzt kann sie also beginnen, die Seelsorge. Wichtig für einen längeren Seelsorgeprozess ist, dass von vornherein geklärt wird, wie er konkret aussieht.

Special Task Force

Seelsorge – kann das jeder/jede machen? Wir haben ja bereits beschrieben, dass eine seelsorgerliche Atmosphäre in einer Jugendgruppe von der Offenheit und Ehrlichkeit jedes Teammitgliedes abhängt. In diesem Sinne sind also alle MitarbeiterInnen SeelsorgerInnen. Und trotzdem sollte es auch Einzelne geben, die hierzu besonders befähigt, begabt und berufen sind. Eben eine *Special Task Force*!

Ein wichtiges Kriterium, um herauszufinden, ob das auf jemanden zutrifft, ist mit Sicherheit das Interesse an anderen Menschen und ihrer Geschichte. Wenn jemand keine Lust auf das Leben eines anderen hat, wird er wahrscheinlich nicht besonders gut geeignet sein, Menschen in entscheidenden Momenten zu begleiten. Sehr hilfreich sind Beziehungsfähigkeit und die Gabe, sich auszudrücken, das heißt, auch Erspürtes und nicht nur verbal Wahrgenommenes in Worte zu fassen.

Jemand, der seelsorgerlich begleitet, sollte selber in seiner Persönlichkeit gereift sein. Das heißt nicht, selber keine Probleme mehr zu haben oder auf alles eine Antwort zu wissen. Dann könnte keiner von uns Seelsorge anbieten. Es heißt vielmehr, eigene Entwicklungsprozesse schon bewusst durchlaufen zu haben bzw. zu durchlaufen. Die Reflexion der eigenen Persönlichkeit, des eigenen Handelns sowie der eigenen Gefühle sollte ein fortwährender Prozess sein.

In die Aufgabe einer Seelsorgerin/eines Seelsorgers wächst man hinein. Es ist nicht so, dass mir von einem Moment auf den anderen klar wird: Das ist mein Job, das ist meine Berufung. Wenn ich die oben beschriebenen Eigenschaften besitze, werden fast von alleine tiefer gehende Kontakte und Gespräche mit anderen stattfinden. Dann zeigt und entwickelt sich auch die Fähigkeit zur Seelsorge.

Für eine Jugendgruppe oder auch Gemeinde ist es allerdings von Vorteil, wenn diese Personen bekannt und benannt sind. Und für den Seelsorger oder die Seelsorgerin ist es klasse, wenn er oder sie auch in der Aufgabe bestätigt und öffentlich eingesetzt wird. Es ist grundsätzlich gut, wenn Strukturen und Verantwortlichkeiten öffentlich und klar sind.

Noch ein Wort zur Frage des Geschlechtes. Sollen nur Frauen für Mädchen und Männer für Jungen Seelsorge anbieten? Hier gibt es unterschiedliche Ansichten. Wir denken, dass es kein Gesetz gibt, das eine klare Geschlechtertrennung einfordert. Und dieses Gesetz sollte es auch nicht geben. Trotzdem ist es in der Teenagerarbeit von Vorteil, wenn Mädchen zu Frauen und Jungs zu Männern in die Seelsorge gehen. Der Grund: In dieser Zeit stellt sich für viele Jugendliche die Frage nach dem Freund oder der Freundin, und sie befinden sich in einer intensiven geschlechtsspezifischen Entwicklungs- und Identifikationsphase. Erfahrungsgemäß beschäftigen sich Teens mit vielen Fragen zum Thema Identität und Sexualität, die sich meistens besser mit Menschen des gleichen Geschlechtes besprechen lassen. Außerdem wäre es wenig förderlich, wenn sich neue Probleme dadurch ergeben, dass sich der Teen in den einfühlsamen und zugewandten Berater verknallen würde. Damit käme ein neues Problem auf, das von vornherein vermieden werden kann.

Mal sehen, wie es mit Lena weitergeht:

Nach einigem inneren Hin und Her gibt sich Lena endlich einen Ruck und spricht Johannes nach dem nächsten Teentreffen auf sein Gesprächsangebot an. Johannes reagiert echt freundlich und sagt Lena, dass er ihren Mut klasse findet. Allerdings will er gleich eine Mitarbeiterin, Anna, dazuholen, damit sie erst einmal zu dritt quatschen können. Das findet Lena total blöde. Sie wollte doch mit Johannes sprechen – und jetzt soll diese Frau dabei sein. Was soll denn das? Johannes macht ihr jedoch ganz deutlich, dass er es für absolut wichtig hält, Anna beim Gespräch dabeizuhaben. Er stellt es Lena natürlich frei, seinen Vorschlag abzulehnen. Aber er selber würde

nicht viel öfter und intensiver mit ihr reden. „Du könntest dich sonst womöglich in mich verknallen", fügt er mit einem Augenzwinkern hinzu.
Lena ist das ein bisschen peinlich, aber Johannes hat das so locker und unverkrampft gesagt, dass es ihr nicht wirklich schwer fällt, schließlich doch zuzustimmen: Anna kann dabeisein.
Zu dritt reden sie dann noch ein bisschen über das, was Lena auf der Party bei Marius erlebt hat, und über ihren Wunsch, all die Dinge, die in letzter Zeit so hochgekommen sind, mit jemandem zu bequatschen. Anna ist bei diesem Gespräch eigentlich genauso nett wie Johannes, so dass Lena sich doch vorstellen kann, sich mal mit Anna zu verabreden. Und das tun sie dann auch.

Was zu Beginn zu klären ist

Wenn sich jemand entscheidet, eine seelsorgerliche Begleitung in Anspruch zu nehmen, ist es unter anderem wichtig, den äußeren Rahmen festzulegen. Dazu gehört neben der Absprache von Ort und Zeitpunkt vor allem die Klärung, wie lange die Begleitung dauern soll. Für den Teen kann es ungeheuer wichtig sein zu wissen, dass er oder sie nicht dauerhaft zum Seelsorger rennen muss. Auch der Beratende sollte wissen, wie viel Zeit diese Begleitung vermutlich in Anspruch nimmt. Ganz abgesehen davon, dass zeitlich festgelegte Rahmenbedingungen dazu ermutigen, nicht um den heißen Brei herumzureden – nach dem Motto: „Das können wir ja auch noch nächstes Mal besprechen ..." Konkret bedeutet das, im ersten Gespräch verschiedene Rahmenbedingungen kurz und klar zu besprechen.

Zeit

Eine wichtige Frage ist die nach der Zeit. Welchen zeitlichen Rahmen stellt sich der Teen selber vor? Wie viele Treffen möchte er haben? Möglicherweise kann der Teen diese Frage gar nicht beantworten. Das macht nichts! Diese Frage ist vor allem wichtig als Signal: Nicht der Seelsorger entscheidet über diesen Punkt, sondern der Jugendliche.

Daneben steht die Frage, welchen zeitlichen Rahmen der Seelsorger/die Seelsorgerin anbieten kann. Schließlich steht gerade auch bei ehrenamtlich engagierten Leuten nicht alle Zeit der Welt zur Verfügung. Deshalb ist es wichtig, für sich selbst zu klären, was zeitlich geht und was nicht. Besonders länger andauernde Seelsorgebegleitungen fordern neben Zeit auch viel Energie. Wenig hilfreich ist es, wenn sich jemand verausgabt und dann die Begleitung als ungeliebte Pflicht weiterführt. Es ist ganz legitim und sogar notwendig, die eigenen zeitlichen Möglichkeiten von Anfang an zu benennen. Auch wenn das dazu führt, dass der Teen gar nicht erst zum Gespräch kommt. Wir können nur das geben, was wir haben und was wir gerne und „fröhlich" geben (2. Korinther 9,7).

Wir halten einen Zeitrahmen von zunächst zehn Gesprächen für sinnvoll. Wenn mehr Bedarf besteht, könnte gegen Ende der Zeit über einen weiteren, ebenfalls wieder klar festgelegten Zeitraum gesprochen werden. Natürlich kann der Prozess auch kürzer sein. In welchem Abstand die Gespräche stattfinden, sollte auch geklärt werden. Ob wöchentlich, alle zwei Wochen oder nur einmal im Monat hängt von der Zeitplanung der beiden Beteiligten ab sowie von der inhaltlichen Notwendigkeit. Neben der Länge der gesamten Seelsorgebegleitung ist es auch sinnvoll, die Länge der einzelnen Gespräche festzulegen. Erfahrungsgemäß sind Gespräche über eineinhalb Stunden Dauer wenig ergiebig.

Probegespräche

Eine Person, die sich mit ganz persönlichen Fragen und Problemen an jemanden wendet, hat das Recht zu entscheiden, wem sie sich anvertraut. Dazu muss man sich aber (wenigstens etwas) kennen. Das wird in der Jugendarbeit wahrscheinlich sowieso der Fall sein. Aber auch dort, wo man sich sonst in einem ganz anderen Zusammenhang begegnet, sind Probegespräche sehr wichtig. Und es ist sinnvoll, das dem Jugendlichen auch gleich beim ersten Mal mitzuteilen. Auch hierin kommt zum Ausdruck, dass seine Unabhängigkeit und Entscheidungsfreiheit geachtet werden.

Für den Seelsorger bedeutet das natürlich, dass der Teenager während oder auch nach den Probegesprächen den Kontakt beenden kann. Mit der eventuell damit verbundenen Kränkung muss der Seelsorger klarkommen, und er darf weder bewusst noch unbewusst den anderen dafür verantwortlich machen. Der Teen hat das Recht dazu! Wenn sich jemand durch eine solche Entscheidung eines Jugendlichen abgelehnt oder verletzt fühlt, sollte er vermutlich (noch) keine Seelsorge anbieten. Dann könnte es sein, dass er aus der Beratung und Begleitung vor allem einen Gewinn im Sinne einer Bestätigung für sich selber erhalten möchte. Das ist gar nicht so selten bei Leuten, die eine ausgesprochene Helferpersönlichkeit haben. Ihr inneres Motto könnte lauten: „Ich helfe, also liebt mich auch!"

Natürlich bekommt jemand, der Seelsorge anbietet, auch etwas zurück. Das sind unter anderem auch Anerkennung und Bestätigung, und das ist auch gut so. Aber der Seelsorger sollte sich darüber bewusst sein, was diese Anerkennung und Bestätigung bei ihm auslösen und wie abhängig er eventuell davon ist.

Grundsätzlich kann die Seelsorgebegleitung jederzeit auch nach den Probegesprächen durch den Teen beendet werden. Es darf niemals den Zwang oder auch nur leisesten Druck geben, die Seelsorge aufrecht zu erhalten, selbst wenn es aus der Sicht des Seelsorgers dringend notwendig wäre. Der Teenager hat die absolute Freiheit, darüber zu bestimmen. Es ist allein seine Verantwortung!

Eine große Herausforderung an einen Seelsorger ist das Loslassen. Wir können nur unsere Begleitung und Beratung anbieten, mehr nicht. Der Jugendliche muss sich entscheiden, ob er dieses Angebot in Anspruch nehmen will. Eventuell kommt er später nochmals wesentlich motivierter darauf zurück, vielleicht wieder bei uns oder bei jemand anderem oder vielleicht auch gar nicht. Das liegt alleine bei ihm. Und da gehört es auch hin.

Es könnte aber auch sein, dass der Seelsorger/die Seelsorgerin das Gesprächsangebot zurückzieht. Auch das ist möglich! Wir können nicht alle mit allem gut umgehen. Es kann sein, dass der Teen uns mit Problemen oder Themen konfrontiert, die uns selber aus verschiedenen Gründen sehr berühren. Dabei können Reaktionen

und Gefühle in uns geweckt werden, die uns selber und unseren eigenen inneren Prozess betreffen und nicht den des Teen. Dann kann es unter Umständen notwendig sein, den Seelsorgeprozess nicht weiter fortzusetzen. Das muss dem Jugendlichen nicht im Einzelnen begründet werden, aber es sollte für ihn nachvollziehbar sein, dass der Abbruch nichts mit ihm oder ihr persönlich zu tun hat.

Ein weiterer Grund, eine Begleitung zu beenden, kann auch darin liegen, dass die Seelsorgerin/der Seelsorger noch jemand anderen begleitet, der mit dem Problem des Teens unmittelbar zu tun hat. In unserem Beispiel könnte sich die seelsorgerliche Begleitung von Lena als nicht sinnvoll erweisen, falls Jana auch zu Anna in die Seelsorge geht, um Probleme in der Beziehung zu Tom zu bereden. Das kann vor allem in kleineren Jugendgruppen vorkommen. Allerdings muss sich in einem solchen Fall nicht zwangsläufig die Seelsorge ausschließen. Für die Seelsorgerin/den Seelsorger ist es jedoch wichtig, diese Situation sehr genau im Blick zu behalten.

Schweigepflicht

Alles, was in den Gesprächen gesagt wird, unterliegt der Schweigepflicht! Dieses Thema ist uns sehr wichtig. Deshalb soll es etwas ausführlicher betrachtet werden. Für die konkrete Seelsorgearbeit ist es lediglich notwendig, dem Teenager zu sagen, dass alles Besprochene der Schweigepflicht unterliegt, wenn es nicht anders mit ihm abgemacht wird.

1. Obwohl wir hier an einem eigentlich ganz selbstverständlichen Punkt angekommen sind, scheint er in der Praxis oftmals viel schwieriger, als wir zunächst erahnen. Schweigepflicht bedeutet die Pflicht zu schweigen! Und zwar in allen Punkten, die mit der

Seelsorgebegleitung zusammenhängen. Konkret bedeutet das: Der Seelsorger/die Seelsorgerin darf nicht einmal einem anderen sagen, dass der oder die in die Beratung kommt. In unserem Fall dürfte Anna also Johannes nicht darüber informieren, dass es tatsächlich zu Gesprächen zwischen ihr und Lena gekommen ist.

Natürlich sind auch inhaltliche Informationen über das Besprochene tabu. Selbst wenn Johannes weiß, dass Lena zu Anna geht, weil er das mit eingefädelt hat, hat er nicht das Recht, irgendetwas über den Inhalt oder auch über die Häufigkeit der Gespräche zu erfahren. In Gemeinden und Jugendgruppen ist es unserer Erfahrung nach häufiger so, dass aufgrund des engen Kontakts zwischen den Personen mit der Schweigepflicht eher zu locker umgegangen wird. Grund ist meist Gedankenlosigkeit oder auch durchaus echtes Interesse – nach dem Motto: „Weißt du, Johannes, Lena geht es schon viel besser. Wir können echt gut miteinander reden. Sie steht jetzt an einem zentralen Punkt. Bete doch mal dafür!" Damit hätte Anna ihre Schweigepflicht verletzt.

Auch Informationen, von denen man eigentlich dachte, dass man sie anonym weitergibt (zum Beispiel damit andere dafür beten), können schon sehr viel preisgeben, weil sich innerhalb einer christlichen Szene an einem Ort meistens viele Menschen untereinander kennen. Hier ist es wichtig, sehr vorsichtig und aufmerksam zu sein. Wer die Schweigepflicht verletzt, wird nicht nur das Vertrauen zwischen Teen und Seelsorger zerstören, sondern kann unter Umständen auch einem Menschen schaden.

2. Innerhalb der Seelsorge kann es nun aber auch zu Situationen kommen, in denen uns etwas anvertraut wird, das uns selber sehr nahe geht (zum Beispiel wenn jemand davon berichtet, dass er oder sie missbraucht wurde). Gerade wenn man selber noch nicht so häufig Seelsorge angeboten hat, oder einfach auch noch jünger ist, kann der Umgang mit heftigen Problemen und Erfahrungen anderer sehr belastend sein.

Was kann man in einer solchen Situation tun, ohne auf der einen Seite das Seelsorgegeheimnis zu verletzen und auf der anderen Seite selber nicht durch das, was der Teenager berichtet hat, erdrückt zu werden? Dann ist es gut und legitim, sich jemanden zu suchen, mit dem man über diese Situation reden kann. Es geht in einem solchen Gespräch dann darum, wie ich als SeelsorgerIn mit dem Gehörten umgehen soll. Wenn möglich, sollte diese dritte Person den Teen nicht kennen, sodass man ihm in anonymisierter Form von dem Seelsorgeprozess und dem schwierigen Thema berichten kann.

Wenn eine Seelsorgerin/ein Seelsorger merkt, dass das behandelte Thema zu heftig für sie oder ihn ist, steht grundsätzlich die Möglichkeit offen, die Seelsorgebeziehung abzubrechen. Es ist uns ganz wichtig, das den MitarbeiterInnen in der ehrenamtlichen Seelsorge immer wieder klar zu machen. Es gibt keinen Zwang, Seelsorgeprozesse fortzuführen, wenn sie erheblich auf die eigenen Kosten gehen oder überfordern. Ein guter Seelsorger sorgt auch immer gut für sich! Außerdem ist die Wahrscheinlichkeit ziemlich hoch, dass dem Jugendlichen in einer solchen Situation nicht wirklich geholfen werden kann.

Das sollte natürlich nicht dazu führen, dass der Kontakt abrupt und für den Teenager nicht nachvollziehbar abgebrochen wird. Denn der Seelsorger hat nicht nur die Verantwortung für sich selber, sondern auch für den seelsorgerlichen Prozess. Vielmehr sollte der Seelsorger dem Teenager ehrlich sagen, dass er überfordert ist, aber gerne gemeinsam mit dem Teen eine andere Lösung finden will. Diese Haltung ist unserer Meinung ein Zeichen von hohem Verantwortungsgefühl und reflektierter Reife, selbst wenn es von außen so aussehen könnte, als ob man versagt habe.

Insgesamt gilt für die hier dargestellte Seelsorgearbeit, dass es sich um ein Angebot von ehrenamtlich tätigen Leuten handelt. Das schließt natürlich die Sorgfaltspflicht und auch den verantwortlichen Umgang mit dem Teen nicht aus. Aber trotzdem gelten unseres Erachtens doch noch andere Maßstäbe und Anforderungen, als an einen professionellen Berater.

3. Bleibt das spannende Thema, wie vorzugehen ist, wenn jemand in der Seelsorge mit Tatsachen konfrontiert wird, die strafbar sind (zum Beispiel wenn jemand fortgesetzt bis in die Gegenwart hinein missbraucht wird). Das ist eine sehr schwierige Situation. Vor allem wenn der Seelsorger ausdrücklich dazu aufgefordert wird, mit niemandem darüber zu sprechen und auch nichts dagegen zu unternehmen – und der Teenager sich nicht traut, selber tätig zu werden.

Natürlich ist es das Ziel der Seelsorge, genau dies zu erreichen: Der Teen soll gestärkt werden und für sich selber verantwortlich handeln können. Aber wir wissen auch, wie belastend es ist, eine solche sicherlich nicht in kurzer Zeit zu klärende Situation auszuhalten. Es gibt hier kein Patentrezept. Wir denken, dass der Seelsorger abwägen muss, was konkret das Beste wäre. Hilfen bieten in einer solchen Situation Beratungsstellen an, die auf diese Fälle spezialisiert sind. Auch hier gilt die Schweigepflicht, so dass der konkrete Fall anonym dargestellt werden müsste. Wenn sich der Seelsorger in einer solchen Beratungsstelle informiert, wäre es gut, vorher mit dem Teen darüber zu sprechen.

Nach einer gründlichen Abwägung kann es auch Sinn machen, sich gegen den Willen des Teens Unterstützung von außen zu holen, wenn sich der Seelsorger vollkommen überfordert fühlt. Weil er sonst weder für den Jugendlichen noch sich selbst gegenüber verantwortlich handeln würde.

4. Oft wird im Rahmen von Teenagerseelsorge gefragt, ob Eltern über bestimmte Sachverhalte informiert werden sollten oder dürfen, wenn der Teen sich in gefährlichen oder selbstschädigenden Situationen befindet. Wir denken, dass es einen Unterschied macht, ob wir bestimmte Entwicklungen nur von außen beobachten, einfach weil der Teen zu unserer Jugendgruppe gehört, oder ob wir an Informationen gelangen, die uns in einem vertraulichen Rahmen gegeben werden.

In Situationen, die wir einfach nur mitbekommen und die uns Sorgen bereiten, kann es unter Umständen sinnvoll sein, mit den Eltern des Jugendlichen zu sprechen. Allerdings würden wir auch in einem solchen Fall sehr dazu raten, vorher mit dem Jugendlichen selbst zu reden. Wenn wir allerdings im Rahmen der Seelsorge Informationen erhalten, dürfen wir sie (eigentlich) nicht an Eltern weitergeben. Eine wichtige Aufgabe des Seelsorgers besteht dann darin, den Jugendlichen zu motivieren, sich seinen Eltern anzuvertrauen, eventuell zusammen mit dem Seelsorger.

Aber wie immer im wirklichen Leben gibt es besondere Situationen. Wir wissen, dass es einige Seelsorger und Berater gibt, die die Schweigepflicht gegenüber den Eltern des Teens bei wirklicher

Gefahr nicht so deutlich hervorheben würden bzw. eher die Notwendigkeit sehen, Eltern zu informieren. In einem solchen „gefahrenbehafteten" Fall muss unseres Erachtens eine sorgfältige Abwägung stattfinden und eine individuelle Lösung gefunden werden. Am besten natürlich immer gemeinsam mit dem Teenager. Wenn das nicht geht, sollte sich der Seelsorger Beratung von außen holen, damit überhaupt noch eine sinnvolle gemeinsame Arbeit möglich ist.

5. Bisher haben wir noch kaum ein Wort zum Thema Beichte in der Seelsorge geschrieben. Die Beichte unterliegt ohne Wenn und Aber der Schweigepflicht. Alles, was ein Seelsorger im Rahmen einer Beichte hört, geht nur Gott etwas an und sonst niemanden! Wir halten es für sinnvoll, darum zu beten, vergessen zu können, was wir von anderen an Schuldbekenntnissen hören. Das haben wir zumindest selbst schon so erlebt und auch von anderen Seelsorgern gehört. Wenn Schuld zwischen Gott und einer Person geklärt ist und Vergebung ausgesprochen wurde, dann sollten wir sie nicht in unserem Gedächtnis und schon gar nicht mit unseren Worten konservieren.

Seelsorge oder Therapie?

Gelegentlich taucht während oder auch schon gleich zu Beginn einer begleitenden Seelsorge die Frage auf, ob die Person mit ihrem Problem nicht doch besser in einer professionellen Therapie aufgehoben wäre. Darüber nachzudenken ist meines Erachtens ein Zeichen von Sorgfalt und Verantwortung. Es gibt so gravierende Probleme, dass sie auf jeden Fall einer professionellen Unterstützung bedürfen. Wir würden ja auch eine körperliche Erkrankung nicht ausschließlich in der Seelsorge „behandeln", wenn wir den Eindruck haben, dass ein Arztbesuch dringend notwendig ist. Es gibt einige Kriterien, die darauf hinweisen, dass eine Therapie angebracht ist. Dazu gehören unter anderem anhaltende Depressionen, wenn Teens also dauerhaft traurig und niedergeschlagen sind, ihnen Lebensenergie fehlt oder sie Selbstmordgedanken äußern. Besonders bei Suizid-Andeutungen sollte genau nachgefragt werden. Je konkreter die Vorstellungen hierzu sind, zum Beispiel über die Todesart, oder auch je intensiver Menschen verherrlicht werden, die sich das Leben genommen haben, desto größer ist die Notwendigkeit, hier gezielt und fachlich kompetent zu handeln. Auch bestimmte Formen von Essstörungen bedürfen der professionellen Hilfe. Darunter fällt nicht die Sorge, dass der Bikini diesen Sommer vielleicht nicht mehr so klasse passt, sondern Ess- und Brechanfälle (Bulimie) oder auch Magersucht. Auch eine zum x-ten Mal wiederholte Diät mit sehr auffälligem Essverhalten ist unter Umständen ein Hinweis auf eine tief gehende Störung, die in der Seelsorge nicht ausreichend angegangen werden kann. Wenn innerhalb einer kurzen Zeit das Gewicht um 15 Prozent gesunken ist oder wenn der Bodymaßindex* unter 18 liegt, sollte ein Therapeut oder Psychiater eingeschaltet werden.

Drogenabhängigkeit gehört meines Erachtens ebenfalls in den Bereich der Therapie. Hier sollte besonders auf den Alkoholkonsum geachtet werden, der gerade im Teenageralter manchmal sehr hoch sein kann, aber mit relativ wenig Problembewusstsein einhergeht. Auch der Konsum von Hasch oder Extasy ist nicht so ungefährlich, wie allgemein gern behauptet wird. Er kann bleibende Folgen haben, die behandlungsbe-

*BMI = Körpergewicht [kg] / Körpergröße $[m]^2$

dürftig sind. Ebenso können sehr traumatische Erlebnisse wie schwere Unfälle, Konfrontation mit Tod oder auch Misshandlung und Missbrauch eine Therapie notwendig werden lassen. Grundsätzlich sollten wir als SeelsorgerInnen im Hinterkopf haben, dass es kein Versagen ist, wenn wir an den Punkt kommen, wo andere fachliche Hilfen angemessener sind. Manchmal ist es so, dass Christen eine gewisse Angst haben, Therapien zu empfehlen oder auch in Anspruch zu nehmen. Sie fürchten, dass ein nichtchristlicher Therapeut einen negativen Einfluss haben könnte. Ein guter Therapeut zeichnet sich allerdings dadurch aus, dass er den hilfesuchenden Menschen so akzeptiert und achtet, wie er ist – auch mit seinem Glauben. Natürlich gibt es auch hier Leute, die dies nicht wirklich umsetzen. Dann sollte man die Therapie besser abbrechen. Das sagt aber nichts über den grundsätzlichen Nutzen professioneller Hilfen. Schließlich gehen wir auch weiterhin zum Zahnarzt, selbst wenn wir bei einem anderen schon negative Erfahrungen gemacht haben. Es ist gut und sinnvoll, das Angebot an professioneller Hilfe vor Ort einigermaßen zu kennen, damit man im Einzelfall einen gezielten Vorschlag an den Teen weitergeben kann. Nicht immer müssen das psychotherapeutische Praxen sein; es gibt auch von freien oder kirchlichen Trägern Beratungsstellen, in denen ausgebildete Therapeuten arbeiten. Falls sich der Teen für einen Psychotherapeuten oder Psychiater in eigener Praxis entscheidet, werden die Kosten in der Regel von der Krankenkasse übernommen (wenn der Therapeut eine Kassenzulassung hat). Das klärt der jeweilige Therapeut gemeinsam mit dem Teen in den ersten Gesprächen und auch, wie lange eine Therapie voraussichtlich dauern würde. Da es sein kann, dass es seitens der Krankenkassen Nachfragen zur Dauer usw. oder sonstige Schreiben gibt, sollte der Jugendliche seine Eltern über die Therapie informieren. Inwieweit eine begleitende Seelsorge parallel zur Therapie sinnvoll ist, lässt sich nicht grundsätzlich beantworten. Es gibt Menschen, die eine gewisse Tendenz dazu haben, sich Hilfe von verschiedenen Seiten zu holen, und dann trotzdem nicht weiterkommen, weil sie eine Beratung gegen die andere ausspielen. In einem solchen Fall macht eine weitere Seelsorge meines Erachtens keinen Sinn, sondern ist sogar eher hinderlich. Wenn jedoch ein Teen eine Therapie anfängt und gerne weiterhin emotional durch den Seelsorger unterstützt werden möchte (freundschaftliche Begleitung und gemeinsames Gebet), ist das sinnvoll und gut.

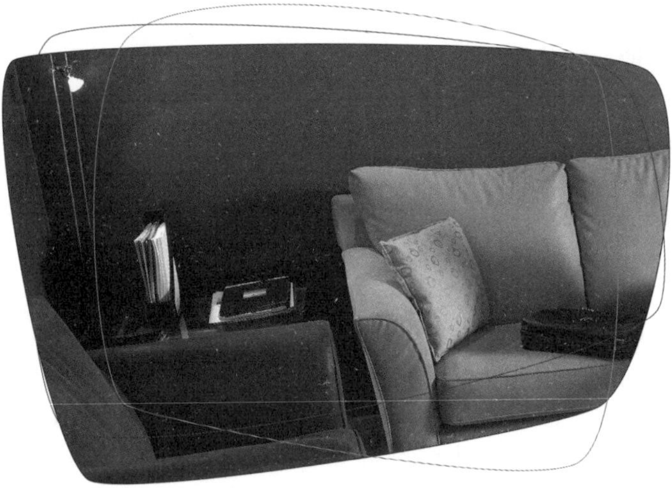

Steffi Baltes

Der große Schritt zum ersten Treffen

Wollen wir doch jetzt mal sehen, wie das erste Treffen zwischen Anna und Lena abläuft. Als Lena wie verabredet am nächsten Dienstag bei Anna erscheint, ist der Tee schon fertig. Lena kuschelt sich in einen großen alten Sessel, und Anna setzt sich ihr gegenüber aufs Bett. Die Atmosphäre in Annas WG-Zimmer ist echt cool. Anna hat im Vorfeld dafür gesorgt, dass sie nicht gestört werden, auch nicht durch Anrufe und Handygeklingel.
Zunächst quatschen sie über die Schule und dies und das. Lena merkt, dass ihre Anspannung allmählich nachlässt. Sie hatte überhaupt keine Idee, wie sie das Gespräch beginnen sollte. Und jetzt sitzen sie einfach erstmal rum und reden über alles Mögliche. Total locker! Sie hatte sich das alles viel schwieriger und ernster vorgestellt. Nachdem sie ein bisschen geredet haben, lenkt Anna das Gespräch auf Lenas Anliegen. Sie greift noch mal kurz das auf, was sie aus dem Gespräch zwischen Lena, Johannes und ihr noch in Erinnerung hat. Dabei erwähnt sie auch Lenas Wunsch, über Dinge zu sprechen, die in letzter Zeit immer wieder an die Oberfläche gekommen sind.
Dabei wird Lena etwas mulmig, weil es nun offensichtlich „zur Sache geht". Anna scheint aber irgendwie keine Eile zu haben. Sie fragt Lena, wie oft sie sich mit Anna treffen möchte. Darüber hat Lena noch gar nicht nachgedacht. Sie hat keine Ahnung.

Anna schlägt zunächst drei Treffen vor, in denen Lena gucken kann, ob es ihr gefällt, und nach denen sie entscheiden kann, ob sie überhaupt weiter mit Anna reden will. Anna sagt von sich aus, dass sie sich erst einmal nur für maximal zehn Gespräche mit Lena treffen möchte. Außerdem schlägt sie 14-tägige Treffen vor, weil sie im Moment nicht mehr Zeit hat. Sie kündigt Lena auch an, dass sie im nächsten Monat für drei Wochen im Urlaub sei, sodass sie sich dann nicht so häufig sehen werden.

Anna erklärt Lena auch noch, dass für sie diese drei Probegespräche auch wichtig sind, um festzustellen, ob es aus ihrer Sicht Sinn macht, miteinander zu reden. Anna betont immer wieder, dass es für beide stimmig sein muss und dass sich beide im Miteinander wohl fühlen müssen. Sie bittet Lena, ehrlich zu sein und ihr auch ehrlich zu sagen, wenn ihr etwas nicht passt, sie sich nicht wohl fühlt oder auch überhaupt nicht mehr kommen möchte. Ganz oft wiederholt Anna, dass Lena diejenige ist, die darüber bestimmt, dass sie sich treffen und wie oft sie sich treffen und was überhaupt besprochen wird. Zum Schluss betont Anna noch, dass sie mit niemandem über die Treffen und deren Inhalte reden wird. Auch nicht mit Johannes.

Lena schwirrt ein bisschen der Kopf. Das waren jetzt ziemlich viele Infos auf einmal. Aber eine Sorge hat sich dadurch erledigt: Lena hatte nämlich schon darüber nachgedacht, was sie macht, wenn es ihr nicht gefällt, mit Anna zu quatschen. Oder wie oft sie sich mit Anna treffen „muss". Irgendwie wollte sie ja auch nicht zu einem Dauerproblemfall werden. Super, dass Anna ihr das alles gleich zu Anfang gesagt hat.

Nach diesem Einstieg fällt es Lena auch nicht schwer, Anna nochmals von den Begebenheiten auf Marius' Fete zu erzählen. Und von ihrem blöden Gefühl, das sie hatte, als sie Jana danach begegnet ist. Anna hört ihr sehr aufmerksam zu und stellt zwischendrin ein paar Fragen. Lena fällt auf, dass Anna ihr Verhalten überhaupt nicht bewertet. Komisch, denn eigentlich dachte Lena, dass alle anderen ihr Verhalten genauso beknackt finden würden wie sie selber. Nach fast eineinhalb Stunden, die wie im Flug ver-

gangen sind, beendet Anna das Gespräch und sagt Lena, dass sie sich auf das Treffen in vierzehn Tagen freut. Lena geht es genauso!

Wenn ein Teenager zum ersten Mal zu einem Gespräch kommt, dann ist es wichtig, dass er eine Atmosphäre vorfindet, in der er sich entspannen und zur Ruhe kommen kann. Sicher ist der Teenager ziemlich aufgeregt – auch wenn es gar keinen Grund dafür gibt. Dennoch kostet es ihn wahrscheinlich viel Überwindung, etwas von sich preiszugeben oder überhaupt zuzulassen, dass er Hilfe braucht. Darüber hinaus haben manche Teens Angst, wie wir im Gespräch auf sie reagieren und ob sie be- oder verurteilt werden für das, was sie von sich erzählen.

Im Folgenden möchte ich dir einige Tipps geben, mit welcher Haltung du dem Teenager begegnen und wie du das Gespräch mit ihm und für ihn und letztlich auch für dich gut gestalten kannst.

Natürlichkeit und Echtsein

Sei einfach du selbst. Sei natürlich, freundlich und gelassen. Versuch durch deine Art eine entspannte Atmosphäre zu schaffen, in der der Teenager sich wohlfühlt. Versuch nicht, allzu ernst oder geistlich wirken zu wollen. Und fall auch nicht auf der anderen Seite vom Pferd, indem du dich superlässig gibst. Sei echt und authentisch! Du kannst und brauchst nur das zu geben, was du hast und bist.

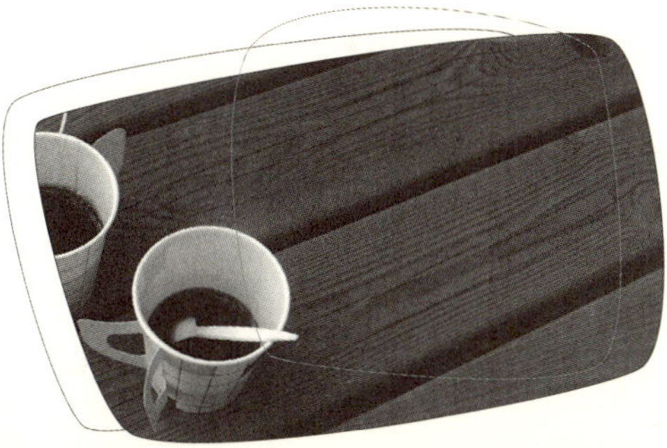

Zeit lassen

Fall nicht gleich mit der Tür ins Haus und stoß den Teenager nicht vor den Kopf, indem du gleich zur Sache kommst. Lass ihm Zeit anzukommen – äußerlich und innerlich. So wie Anna könntest du ihm vielleicht etwas zu trinken anbieten und die Atmosphäre am Anfang mit ein bisschen „Smalltalk" auflockern, zum Beispiel über die Schule oder darüber, was der Teenager am Wochenende gemacht hat. Natürlich kannst du auch etwas von dir erzählen. Oder über den neuesten Kinofilm oder was ihr sonst so an gemeinsamen Themen mitbringt. Insgesamt ist es wichtig, eine angenehme Atmosphäre zu schaffen, die möglichst ungestört sein sollte.

Wenn am Anfang des (Erst-)Gesprächs der äußere Rahmen geklärt wurde und du das Gefühl hast, dass sich dein Gegenüber entspannt hat und auch innerlich „angekommen" ist, kannst du das eigentliche Gesprächsthema anschneiden. Das kann z. B. so klingen: *„Lena, willst du einfach mal anfangen und erzählen, warum du gekommen bist?"* Oder wenn du schon länger mit dem Teenager im Gespräch bist: *„Wie geht's dir? Über was sollen wir heute miteinander reden?"* Das ist ein Signal für den Teenager, dass das Gespräch jetzt vom Smalltalk zum Kern der Begegnung übergeht. Außerdem machst du damit klar, dass der Teenager selbst bestimmen darf, was er erzählen will und was nicht.

Vorurteile – No thanks!

Am Beispiel der Begegnung zwischen Jesus und der samaritischen Frau haben wir gesehen, dass Jesus kein „Schubladendenken" hat. Er wusste schon so einiges über die Frau, als er zum ersten Mal mit ihr sprach. Und dennoch hat er sich davon nicht beeinflussen lassen. Er hatte sie nicht schon in Gedanken „abgestempelt" oder in eine bestimmte Schublade wie „gescheiterte Existenz" und „unverbesserlich" etc. eingeordnet.

Wir sind da oft anders. Leider! Auch wenn wir das eigentlich gar nicht wollen, be- oder verurteilen wir viele Leute schon in Gedanken, bevor wir überhaupt ihre Geschichte aus ihrem eigenen Mund gehört haben. Wenn es im Seelsorgegespräch zum Beispiel um Schuld geht, dann haben wir nicht selten eine heimliche Hitliste der „schlimmsten" Sünden im Kopf – Schuld im sexuellen Bereich wiegt da für uns oft schwerer als notorisches Lügen oder maßlose Eitelkeit.

Bei Jesus findet diese Einteilung in „schlimme" und „weniger schlimme" Schuld nicht statt. Also: Versuch die Schubladen in deinem Denken zu schließen. Bring dem Teenager Wertschätzung und Achtung entgegen! Egal was andere über ihn denken, egal was für ein Problem er mit sich herumschleppt.

Manchmal erzählen Teenager dir ihre Geschichte, und du denkst dir nur: „Das kann doch nicht wahr sein, dass es in ihrem/seinem Leben schon so viel Schmerz, Zerbruch und verkorkste Lebensumstände gibt ..." – aber lass dich bitte nicht von dem schocken, was du vielleicht hören wirst. Wir leben nicht in einer „heilen" Welt. Wie gut, dass Gott da ist – für jeden Teenager in jeder Lebenslage. Mach dir bewusst: Keiner kann etwas für die Lebensumstände, in die er hineingeboren wird. Wenn du eine klasse Familie und eine tolle Kindheit und Jugend hattest, dann danke Gott dafür und verurteile nicht die Teenager, die schlechtere Startbedingungen oder Erfahrungen hatten als du.

Wenn es im Seelsorgegespräch um die Schuld des Teenagers geht, dann denk daran: Deine eigene Schuld ist nicht „besser" oder „weniger schlimm". Denk an den Mist, den du selbst oft baust. Denk daran, wie sehr du selbst auf Gottes Vergebung und Barmherzigkeit angewiesen bist – dann wirst du auch mit deinem

Gegenüber barmherzig sein. Wir alle, Seelsorger wie Seelsorgesuchende, werden in dieser Welt nie perfekt sein, sondern Gott immer nur in Teilen und Bruchstücken widerspiegeln können.

Im Übrigen weiß Gott das alles und gebraucht uns mit unseren Macken. Wem viel vergeben ist, der liebt viel, sagt Jesus in Lukas 7,47. Und im zweiten Brief an die Korinther (Kapitel 4, Vers 7) schreibt Paulus, dass Gott mit Vorlieben Flaschen gebraucht. In seiner Sprache heißt das: „Wir haben diesen Schatz in irdenen Gefäßen, damit die überschwängliche Kraft von Gott sei und nicht von uns." Das heißt: Es macht keinen besonderen Sinn, auf uns selbst stolz zu sein und andere zu verurteilen, sondern es kommt allein auf Gott an.

Lebensgeschichten

Als Jesus der samaritischen Frau begegnet, sieht er in ihr nicht nur die Frau, die sie zu diesem Zeitpunkt ist. Er nimmt ihre Lebensgeschichte wahr und sieht all die vergangenen Ereignisse in ihrem Leben, die sie zu dem gemacht haben, was sie heute ist. Er sieht den Schmerz, die Enttäuschungen, die Hoffnungen und Sehnsüchte, die ihr Leben geprägt haben und noch prägen. Er weiß, dass die Vergangenheit mit der Gegenwart verknüpft ist und dass jeder Mensch durch seine eigene erlebte Geschichte beeinflusst wird.

Obwohl wir als Christen und Jugendmitarbeiter Jesus in uns tragen und Jesus auch ein Stück weit repräsentieren, werden wir nie diese Einsicht und Weitsicht von Jesus haben. Aber es hilft uns und den Teenagern, wenn wir uns im Gespräch mit ihnen darum bemühen, etwas von ihrem Lebenshintergrund und ihrer Lebensgeschichte zu erfahren. Auch wenn Teenager noch nicht auf so viele Lebensjahre zurückblicken können, haben sie doch oft schon eine Geschichte mit Höhen und Tiefen hinter sich. Wenn du sie besser verstehen willst, solltest du auch einen Blick in ihre Vergangenheit werfen. Voraussetzung ist natürlich, dass sie es dir erlauben.

Beim zweiten Treffen mit Anna ist Lena schon wieder ein bisschen aufgeregt. Sie weiß gar nicht, wo sie diesmal anfangen soll zu erzählen – es scheint ihr alles so kompliziert. Zusammen trinken beide erst einmal eine Cola und reden ein bisschen über den Teenkreis und was man da noch so verbessern könnte. Als sie merkt, dass Lena zu relaxen beginnt, fragt Anna sie: „Lena, wir kennen uns ja eigentlich noch gar nicht so richtig. Vielleicht erzählst du mir einfach mal etwas von dir – wo du wohnst, was du gerne machst, von deiner Familie und so. Ist das okay für dich?"

Lena sagt: „Ja, schon. Aber ich weiß gar nicht, wo ich anfangen soll ..."

Anna antwortet: „Hast du noch Geschwister?" Lena fängt an, von ihrer kleinen Schwester zu erzählen. Zuerst etwas zögerlich, doch dann erzählt sie ziemlich ehrlich von dem, was sie nervt oder was sie an ihr toll findet. Anna hört ganz aufmerksam zu und nimmt Anteil an dem, was Lena erzählt, lacht manchmal, wenn Lena etwas Witziges sagt, oder nickt verständnisvoll mit dem Kopf, wenn Lena von den Eifersüchteleien der beiden Schwestern untereinander berichtet. Die Mitarbeiterin fragt von Zeit zu Zeit nach, wenn sie etwas nicht verstanden hat oder nicht einordnen kann. So kommt das Gespräch vorsichtig auf das Thema Eltern. Im Folgenden stellt sich heraus, dass Lenas Eltern schon seit einiger Zeit geschieden sind. Lena erzählt, wie sehr sie früher unter den ständigen Streitereien der Eltern gelitten hat.

In späteren Gesprächen wird das Thema Vergangenheit und Vergangenheitsbewältigung – z. B. der Verlust von Lenas Elternhaus, die fehlende Bestätigung durch den Vater, die allzu frühe Verantwortung für ihre kleine Schwester etc. noch eine größere Rolle spielen. Anna wird mit der Zeit klar, dass viele von Lenas gegenwärtigen Problemen mit Enttäuschungen und Erfahrungen zusammenhängen, die sie Jahre zuvor gemacht hat.

Lena hat in dieser Zeit Verhaltensmuster und „Überlebensstrategien" entwickelt, die sie jetzt am Leben hindern und die ihr schaden.

Der Blick zurück in die Vergangenheit soll nicht in die Resignation führen, sondern ermöglichen, den Teenager mit seinen jetzigen Problemen, Fragen und Verhaltensweisen besser zu verstehen. Wenn wir die Ursachen für Verwundungen kennen, können wir gezielter mit dem Teenager um Heilung beten und ihm helfen, neue Strategien zu entwickeln, mit denen er sein Leben positiv bewältigen und verändern kann.

Wahrheit und Liebe

Vielleicht hast du nach einer Reihe von Gesprächen mit dem Teenager das Gefühl, festzustecken. Die Probleme, mit denen der Teenager gekommen ist, sind immer noch in der gleichen Intensität vorhanden. Es ist kein wahrnehmbarer Veränderungsprozess (sei es emotional, gedanklich oder im Verhalten des Teens) in Gang gekommen. Das kann unterschiedliche Gründe haben. Vielleicht braucht der Teenager einfach noch mehr Zeit. Gott hat Geduld, viel mehr Geduld als wir mit uns selbst und unserem Gegenüber. Vielleicht braucht der Teenager aber auch eine therapeutische Begleitung, die du als Seelsorger nicht leisten kannst.

Wenn sich nichts zum Positiven verändert, kann es aber auch daran liegen, dass der Teenager eine kleine „Starthilfe" benötigt: So wie Jesus die samaritische Frau auf sanfte und dennoch ehrliche Weise mit ihren unguten Lebensumständen konfrontiert hat, kann es im Seelsorgeprozess dran sein, dass du den Teenager konfrontierst. Für Lena könnte das zum Beispiel so aussehen:

Lena und Anna treffen sich nun schon seit einigen Monaten relativ regelmäßig alle zwei Wochen. Lena konnte sich in dieser Zeit schon ganz viel von der Seele reden – ihre Schwierigkeiten zuhause, ihre Enttäuschung über die gescheiterte Ehe ihrer Eltern, ihre Sehnsucht danach, von ihrem Vater wahrgenommen zu werden, ihr Flirten mit Tom und ihr Gefühl der inneren Leere und Wertlosigkeit. Anna merkt, dass es Lena gut tut, wenn ihr einfach mal jemand zuhört und sie ernst nimmt. Ihr ist klar, dass Lena schon viel Negatives erlebt hat und mit ihren jetzigen Problemen und ihrem Verhalten auf Lebensumstände reagiert, für die sie nichts kann und die sie sich nicht ausgesucht hat. Lenas Eltern z. B. haben ihrer Tochter gegenüber so manches versäumt, und das nennt Anna auch beim Namen, ohne die Eltern dafür anzuklagen. Für Lenas inneren Heilungsprozess ist es ganz entscheidend, dass jemand die Wahrheit ausspricht und ihr gegenüber anerkennt: „Ja, in diesem und jenem Punkt sind andere an dir schuldig geworden."
Viele Gefühle kommen bei Lena hoch, als Anna diese Wahrheiten so deutlich ausspricht. Lena weint während dieser Phase des Seelsorgeprozesses ziemlich viel. Manchmal kommt auch Wut zum Vorschein. Anna lässt das alles zu. Sie ist einfach da, wenn Lena ihre Gefühle spürt, und hört sich so manche spontan aufkommenden Erinnerungen und Bilder an. Insgesamt nimmt dieser Prozess viel Zeit ein. Lena findet sich so manches Mal zu „jammerig" und ist sich nicht sicher, wie Anna das alles findet. Doch Anna hat echt viel Geduld und empfindet auch wirklich mit Lena mit.
Nachdem Lena viel Zeit hatte, ihre Gefühle überhaupt erst einmal wahrzunehmen und zu spüren, kommt der Seelsorgeprozess langsam in eine andere Phase. Anna spürt, dass Lena hin und her schwankt: Sie kreist einerseits noch um ihre Verwundungen, Nöte und Sehnsüchte, will auf der anderen Seite aber auch lernen, verantwortlicher und reifer zu handeln.

An dieser Stelle versucht Anna, Lena auf ihr eigenes Verhalten hinzuweisen. Sie geht noch einmal auf die Situation ein, in der Lena mit Tom geflirtet hat. Lena versinkt fast in Grund und Boden, als sie wieder daran erinnert wird. „Meinst du, ich weiß nicht, dass das blöd von mir war? Aber wenn Jana doch bloß nicht immer dieses Model-Getue an sich hätte, und dann immer das auffällige Rumgeknutsche mit Tom vor allen Leuten ...", gibt Lena zurück. Aber Anna sagt das nicht, um Lena zu beschämen, sondern um ihr zu zeigen, durch welche falschen Verhaltensweisen sie versucht hat, ihre Sehnsucht zu stillen.

Im Lauf der Zeit gelingt es Anna, Lena dafür zu sensibilisieren, wo sie an falschen Stellen Erfüllung gesucht hat. Lena versteht auch immer mehr, dass sie selbst mehr Verantwortung für ihre Entscheidungen und Handlungen übernehmen sollte. Sie sieht nun, wie zerstörerisch manche ihrer Verhaltensweisen sind und wo sie selbst auch an anderen schuldig wird. Der Anfang zu einer wirklichen tief greifenden Veränderung und Heilung ist gemacht. Lena hat die Konfrontation auch mit unangenehmen Wahrheiten über sich selbst zugelassen. Das lag zum großen Teil daran, dass im Laufe der Gespräche ein gegenseitiges Vertrauensverhältnis zwischen ihr und Anna gewachsen ist. Anna ist Lena stets mit Respekt begegnet und hat immer an positive Veränderungen geglaubt.

Open the door

Manche Teenager sind so tief in eine lebensverneinende und pessimistische Grundhaltung verstrickt, dass sie gar keinen Ausweg mehr sehen. Sie sind in ihrem Urteil über sich selbst, in ihren Ängsten und Problemen gefangen wie in einem Käfig. Sie können nicht glauben, dass es irgendjemand gut mit ihnen meint. Auch nicht Gott. Sie haben keine Hoffnung mehr auf Veränderung.

Falls dir so eine Haltung bei einem Teenager begegnen sollte, dann lass den Mut nicht sinken. Denk daran: Gott hat immer noch einen Weg, auch wo wir nur Dickicht sehen. Gott kann dem Teenager die Tür in eine ganz neue Lebensdimension öffnen! Denn er hat unendlich viel Hoffnung für jeden, und sein Herz schlägt gerade auch für Teenager. Gott verspricht: „Denn ich allein weiß, was ich mit euch vorhabe: Ich, der Herr, werde euch Frieden schenken und euch aus dem Leid befreien. Ich gebe euch wieder Zukunft und Hoffnung" (Jeremia 29,11).

Dem Teenager selbst gelingt es in einer Krisensituation oft nicht zu sehen, dass es grenzenlose Hoffnung und eine gute Zukunft für ihn gibt, weil Gott auf seiner Seite ist. Deshalb müssen und dürfen wir den Teens dabei helfen, eine *neue* Blickrichtung zu entwickeln: nicht zuerst auf sich selbst und die eigenen Grenzen, sondern zuerst auf Gott und seine unendlichen Möglichkeiten zu schauen. Das ist eine sehr schöne und lohnende Aufgabe für alle, die mit Teens zu tun haben. Als Freunde und Freundinnen von Jesus dürfen wir ihm dabei helfen, für den Teenager eine Tür aufzustoßen, damit er mehr Hoffnung, Freude und Zuversicht erleben kann. Das passiert natürlich nicht von heute auf morgen. Oft wird es viele, viele Gespräche und Gebete mit dem Teen benötigen, bis er die bekannten und eingeübten Denkmuster und Verhaltensweisen ablegen und zu einer neuen Lebenshaltung und einem neuen Lebensgefühl finden kann.

Mich ermutigt in diesem Zusammenhang immer wieder ein Versprechen von Jesus, das ich oft jungen Leuten sage, in deren Leben viel kaputtgemacht wurde und die sich als Gefangene ihrer Geschichte sehen: „Siehe, ich habe dir eine Tür geöffnet, die niemand verschließen kann" (Offenbarung 3,8). Ich möchte euch ein kurzes Beispiel dafür geben, wie so ein „Türöffner" (einer von vielen während des Seelsorgeprozesses) aussehen kann:

In den Gesprächen zwischen Lena und Anna kommt immer wieder ein Thema auf: Lenas Unzufriedenheit mit sich selbst, vor allem mit ihrem Aussehen. Lena sagt: „Ich fühl mich einfach nicht wohl. Dauernd denk ich, die anderen starren mich an oder lachen über mich, weil ich so fett bin." Anna sagt: „Lena, ich denke nicht, dass du zu fett bist. Wie viel wiegst du denn?" Lena: „Na ja, ich bin 1,64 groß und wiege 54 Kilo – das ist doch viel zu viel, oder?" Anna ist ganz erstaunt: „Das finde ich nicht, im Gegenteil. Für mich siehst du total schlank aus, eher zu dünn als zu dick. Ich glaube, du nimmst dich selbst ganz anders wahr, als deine Umwelt dich sieht, oder? Ich bin mir sicher, dass keiner von deinen Freunden dich zu dick findet. Und wenn sie es täten, dann hätten sie echt einen Knick in der Optik!" Lena: „Das ist nett, dass du das sagst. Aber du willst mich nur beruhigen, stimmt's?"

Anna antwortet: „Nein, das stimmt nicht. Lena, darf ich dir was vorlesen? Wenn du magst, lehn dich einfach mal entspannt in deinem Stuhl zurück und schließ die Augen, okay?" Lena: „Was hast du denn vor?" Anna: „Keine Angst, tut nicht weh! Vertrau mir." Lena setzt sich bequem hin und schließt etwas zögernd die Augen. Anna liest: „Du hast mich geschaffen – meinen Körper und meine Seele, im Leib meiner Mutter hast du mich gebildet. Herr, ich danke dir dafür, dass du mich so wunderbar und einzigartig gemacht hast ..." (Psalm 139,13ff). Sie liest langsam noch einige weitere Verse aus Psalm 139 vor und wiederholt dann noch mal speziell Vers 14. Nach einer kurzen Stille fragt sie Lena: „Was denkst du, Lena?" Lena schlägt die Augen auf: „Also, das mit dem ‚du bist wunderbar gemacht' fand ich schon toll. Meinst du, das ist wirklich wahr?"

Lena beginnt darüber nachzudenken, wie sie selbst sich sieht und wie Gott sie sieht. Der Psalm 139 ist für sie zu einem „Türöffner" geworden, sich selbst ganz neu zu sehen. Für Gott ist sie wunderschön, wertvoll und einzigartig. Viele Teenager hungern heute förmlich danach, so etwas zu hören. Ihnen fehlt die Bestätigung durch Eltern, die das oft aus verschiedenen Gründen nicht mehr leisten können.

Aber wer kann denn nun diese tiefe Sehnsucht nach Liebe und Akzeptanz stillen und das emotionale Vakuum auffüllen, das die Teenager in ihrem Inneren haben? Wir als ihre Seelsorger können es nicht und sollten es auch gar nicht erst versuchen, das würde nur schief gehen. Aber wir können sie an die Hand nehmen und ihnen Gottes Realität zeigen: Er ist ein Gott, der sie liebt, zu dem sie immer kommen können, der ihnen vergibt, der sie heilt, fördert und ermutigt. Er ist der Vater und die Mutter, die sich Teenager wünschen, aber oft nicht mehr haben. Gott will sanft und Schritt für Schritt ihren Hunger nach Liebe stillen und auf ihre Sehnsucht nach Annahme antworten, damit sie emotional satt und gereift ihr Leben meistern können.

Wunsch und Wille

In jeder Begegnung mit einem Teenager, insbesondere aber im Seelsorgeprozess ist es entscheidend, dass wir ihn voll und ganz ernst nehmen mit seinen Gedanken, Gefühlen und mit seinen Wünschen. Oft ist es hilfreich, den Teenager ausdrücklich nach seinen Wünschen zu fragen: „Was willst du? Was soll sich verändern? Wonach sehnst du dich? Was willst du von Gott?" Den meisten Teens kommt es gar nicht in den Sinn, dass sie sich von Gott etwas wünschen dürfen, geschweige denn, dass Gott ihre Wünsche sogar hören will und ernst nimmt.

In der Begegnung zwischen dem blinden Bartimäus und Jesus fordert Jesus ihn auf, sich etwas von Gott zu wünschen. Es ist für Bartimäus sehr wichtig, dass ihn zum ersten Mal jemand (und dann sogar Jesus!) ernst nimmt. Es hilft ihm, sich selbst, seine Wünsche und Entscheidungen ernster zu nehmen. Als ersten Schritt zur Heilung spricht der blinde Mann seinen Wunsch konkret und laut vor Gott aus.

Dazu können wir auch die Teens ermutigen, mit denen wir ins Gespräch kommen. Manche werden erst einmal einige Zeit brauchen, bis sie darauf vertrauen, dass ihre Wünsche nicht in den Wind gesprochen sind, sondern Gott sie tatsächlich hört und an ihnen interessiert ist. Für viele ist es zunächst ein Experiment und Wagnis und dann eine Erleichterung und ein Schritt nach vorne, wenn sie sich trauen, vor uns und vor Gott ihre Wünsche und Sehnsüchte auszusprechen. Erstens ist da ja tatsächlich jemand, der ihre Gebete hört, und zweitens werden sie dadurch ermutigt, sich selbst und ihre Wünsche ernster zu nehmen.

Anna sagt zu Lena: „Sollen wir noch zusammen beten, bevor du wieder nach Hause gehst? Du hast mir ja jetzt schon einiges von deinen Wünschen und Sehnsüchten erzählt. Wenn du magst, dann sag doch auch Gott jetzt einfach mal laut, was du dir von ihm wünschst." Lena antwortet: „Hmmm, ich versuch's mal ..." Es dauert eine ganze Weile, dann fängt Lena an zu beten. Erst druckst sie herum, weil das laute Gebet für sie ungewohnt ist. Doch dann fließen die Worte, und es scheint sie zu erleichtern, Gott ihre Wünsche sagen zu können: „Gott, ich will nicht mehr ständig darüber nachdenken müssen, wie ich aussehe, ob ich zu fett oder hässlich bin. Ich will mich endlich wohlfühlen in meinem Körper. Mach, dass ich mich endlich besser leiden kann. Und ... Gott ... ich will so gerne einen richtig super Vater haben. Einen, der mir zuhört und mich versteht. Der Zeit für mich hat. Ich will, dass du mein Vater bist und mich lieb hast. Amen." Lena hat Tränen in den Augen – und fühlt sich richtig gut. Anna auch!

Ja sagen

Den Willen des Teenagers ernst nehmen, heißt für mich auch, dass ich ihn darauf hinweise, dass er selbst verantwortlich am Heilungs- und Veränderungsprozess beteiligt ist. Veränderung von Lebensgefühlen, Lebenseinstellungen und Lebensweisen ist nicht etwas, was ich als Seelsorger für den Teen „machen" kann. Auch Gott kann das nicht ohne die Beteiligung des Teens einfach so für ihn machen. Der Teenager ist ja keine Marionette, sondern hat einen eigenen Willen und trifft eigene Entscheidungen. Eine Grundsatzentscheidung hat zumindest jeder Teen getroffen, der freiwillig zum Gespräch kommt: Er will Hilfe, er weiß, er braucht Unterstützung. Das ist schon viel wert und ein erster großer Schritt zur Heilung und Veränderung. Ich betrachte das schon als ein Wirken des Heiligen Geistes, der den Teen bewegt hat, sich Hilfe zu suchen und sich neu für Gott zu öffnen.

Dennoch werden während des Seelsorgeprozesses noch verschiedene Punkte kommen, an denen der Teen sich von neuem fragen und entscheiden muss: „Will ich das noch? Oder ist mir das zu schmerzhaft? Oder zu anstrengend?" Vielleicht wird es notwendig, dass ein Teenager seine bisherige Lebensweise umstellt: Er beginnt zum Beispiel zusätzlich eine Therapie, um eine Essproblematik in den Griff zu bekommen, oder er sollte eine Beziehung beenden, die ihn in emotionale oder sexuelle Abhängigkeit geführt hat.

Das sind dann Momente die für die weitere Entwicklung des Heilungsprozesses bedeutungsvoll sind. Wir können dem Teenager die Entscheidung nicht abnehmen. Er muss sie alleine treffen. Wir können ihn dabei begleiten und auch beraten, wenn er das will, und für ihn und mit ihm beten.

Es gibt immer wieder Teenager, die sich an einer bestimmten Stelle in einem bis dahin positiven Seelsorgeprozess dagegen entscheiden, bestimmte Schritte zu gehen. Es kommt zur Stagnation. Weil es ihnen zu weh tut, weil sie Angst haben oder weil sie die Veränderung scheuen. Denn ein Heilungsprozess ist immer auch mit Veränderung und Anstrengung verbunden. Lange eingeübte Verhaltensmuster oder tief sitzende schmerzvolle Gefühle verändern sich nicht von heute auf morgen. Auch wenn der Teenager im Moment die weitere Konfrontation mit seinen Gefühlen und den Aufwand scheut, besteht immer Hoffnung, viel Hoffnung. Denn Gott hat Geduld. Vielleicht ist der Teenager erst zu einem späteren Zeitpunkt bereit, an sich weiterzuarbeiten (bzw. von Gott an sich weiterarbeiten zu lassen). Wir sollten ihn in so einer Situation nicht bedrängen, weiter zu gehen, als er es selbst will.

Es gibt viele Teens, die sich nach und nach zu wichtigen heilvollen Entscheidungen in ihrem Leben durchringen, mit unserer Begleitung und in der Kraft Gottes. Wichtig ist mir, dass wir die Teens für die Bedeutung ihres eigenen Willens sensibilisieren und ihnen vermitteln: „Du hast einen eigenen Willen und du darfst ihn gebrauchen. Dein Wille kann viel bewirken. Gott hat dir deinen Willen und deinen Verstand gegeben, damit du beides gebrauchst. Gebrauche sie dazu, gesund zu werden. Und mit deinen Gefühlen, die dich vielleicht so manches Mal überwältigen, kannst du nicht tiefer fallen als in Gottes Hand."

Come out!

Viele Teenager leben heute unter großem Druck und in großer Angst – Angst davor, in der Schule und von ihrer Peergroup nicht akzeptiert zu werden. Angst vor schlechten Leistungen. Angst, nicht gut genug auszusehen. Angst, keine Zukunft zu haben. Angst vor den Eltern oder Angst um die Beziehung ihrer Eltern und vieles mehr. Eng verbunden mit diesen Ängsten oder auch ursächlich dafür ist ein großer Mangel an Selbstwertgefühl. Viele Teens fühlen sich nicht grundsätzlich bejaht und gewollt. Sie sind nicht „zuhause" in ihrem Körper, in ihrer Persönlichkeit und auch nicht in ihrer Umgebung. Das ist nicht immer nur bedingt durch die Zeit der Veränderung und der Verunsicherung während der Pubertät.

„Ich weiß nicht, wozu ich auf der Welt bin", schrieb mir ein 16-jähriges Mädchen in einer Mail. Ich glaube, das drückt das Lebensgefühl von vielen anderen in ihrem Alter aus. Teenager von heute spüren oft eine Sinnlosigkeit und große Leere in sich. Sie sind in vielfacher Hinsicht ohne wirkliche Beziehungen zu ihren Eltern, irgendwie nicht-gehalten und nicht-(ge)sicher(t), und dabei aber gebunden von ihren Ängsten und Selbstzweifeln. Und mancher von ihnen empfindet das wie ein Gefängnis oder eine Art Grab. Nicht umsonst tragen sich viele Teens mit Selbstmordgedanken, weil sie keinen Ausweg mehr wissen aus ihren Lebensumständen oder quälenden Gedanken. Diese Hoffnungslosigkeit und Dunkelheit in ihnen wird in manchen Momenten so stark, dass sie einfach kapitulieren wollen. Das muss und soll nicht so bleiben. Und dabei können wir helfen.

Wir dürfen in der Autorität, die Jesus uns gibt, die Teens aus ihren quälenden Gedanken, Zweifeln und Gefühlen herausrufen, so wie Jesus seinen Freund Lazarus aus dem Grab herausgerufen hat. Lazarus war am ganzen Körper in Tücher eingewickelt. Er lag in völliger Dunkelheit. Alle anderen hatten ihn schon längst aufgegeben. Aber Jesus nicht. In der Kraft Gottes schenkt er Lazarus das Leben wieder und ruft ihn ins Licht und ins Leben hinein. Lazarus stolpert aus dem Grab, zuerst etwas unbeholfen, aber endlich ist er wieder lebendig und frei!

Als Freunde Gottes dürfen wir Jesus dabei helfen, auch heute Leuten zu sagen, dass sie frei sind, dass sie herauskommen können aus einem finsteren Loch, aus der Leblosigkeit – wir sind mit daran beteiligt, Teenagern eine neue, hoffnungsvolle Perspektive für ihr Leben zu geben. Gott stellt ihre Füße auf weiten Raum und gibt ihnen neue, ungeahnte Lebensmöglichkeiten. Darauf dürfen wir sie hinweisen. Wir können sie ermutigen und dabei begleiten, sodass sie aus zerstörerischen Strukturen und Denkmustern ausbrechen können. Wir können sie mit Gottes Wahrheit über ihr Leben bekannt machen, die sie aus ihrem inneren Grab oder Gefängnis herausruft. In Matthäus 11,28 sagt Jesus: „Kommt her, die ihr bedrückt und voll gepackt mit Problemen seid, ich will euch total viel Freude und Spaß am Leben geben!" „Come out! Komm heraus aus deinen Ängsten und Selbstzweifeln! Gott sagt Ja zu dir!"

Damit meine ich nicht, dass wir das dem betreffenden Teenager so in dieser Form sagen müssen (wobei das auch mal dran sein kann und durchaus heilsam ist). Viel eher wird dieses „Herausrufen" ein Prozess sein, der sich über einen längeren Zeitraum erstreckt. Je nach dem, wie tief die Wunden eines Teenagers sind – seine Ängste, Zweifel, Macken –, wird es vielleicht viele Gespräche und manchmal auch eine professionelle Therapie benötigen, bis der Teenager Schritte auf dem Weg der Heilung und Befreiung gehen kann. Und manchmal wird es auf diesem Weg auch Rückschritte geben – dass ein Teen lieber wieder zurück in das Altvertraute, auch in alte Abhängigkeiten zurückkehrt, weil er Angst vor der neu gewonnenen Freiheit und Verantwortung bekommt.

Aber es ist total faszinierend und auch für uns selbst ermutigend, wenn wir einen Teenager dabei begleiten können, an der Hand von Jesus Schritte in die Freiheit zu gehen. Jesus beauftragt und bevollmächtigt uns für unsere Arbeit mit den Teenagern:

„Der Geist des Herrn hat dich gesandt, den Armen die frohe Botschaft zu bringen und die Verzweifelten zu trösten. Du rufst Freiheit aus für die Gefangenen, ihre Fesseln werden nun gelöst und die Kerkertüren geöffnet" (nach Jesaja 61,1).

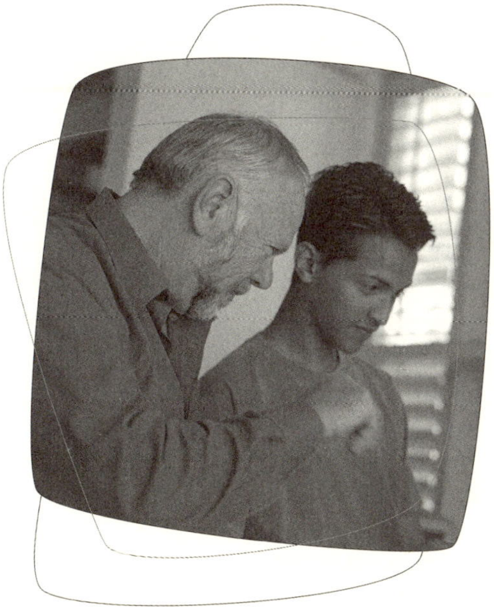

Anche Rahn

Gefühle. Und wo bleibt der Verstand?

Wer häufiger mit Teenagern zusammen ist, der weiß, dass sie in ihren Stimmungen und Emotionen oft hin und her gerissen sind. Auch in der Beratung und seelsorgerlichen Begleitung eines Teens gibt es viele gefühlsmäßige Ups and Downs, die nicht immer nachzuvollziehen sind. Nun könnte man das alles auf die Pubertät und eventuell auch auf eine emotionale Unreife schieben, oder man nimmt den Teen wirklich ernst – mit allem, was er oder sie zeigt. Auch mit allen Gefühlen und Emotionen. Weiter oben haben wir schon erwähnt, wie wichtig es ist, dem Jugendlichen so, wie er ist, mit Akzeptanz und Wertschätzung zu begegnen. Bezogen auf die Gefühle ist dieser Anspruch nicht immer leicht umzusetzen, weil Empfindungen eine sehr subjektive Angelegenheit sind und die Menschen emotional unterschiedlich reagieren. Häufig ist es auch so, dass gerade gefühlsmäßige Äußerungen abgewertet werden und einer rationalen Herangehensweise untergeordnet sind.

Verlorene Gefühle?!

Bevor ich darauf eingehe, wie MitarbeiterInnen mit den Gefühlen eines Teens während eines Seelsorgegespräches umgehen sollten, möchte ich zunächst einmal kurz über unseren Umgang mit unseren eigenen Gefühlen sprechen. Ich glaube, dass wir in einer Zeit und in einer Kultur leben, in der echte Emotionalität verdrängt und Rationalität überbewertet wird. Häufig bereitet es uns Mühe, uns unseren echten, wirklichen Gefühlen zu stellen. Oft haben wir sogar Probleme, sie überhaupt wahrzunehmen und zu spüren.

Warum ist das so? Meines Erachtens liegt die Ursache darin, dass es nur wenigen von uns als Kindern erlaubt war, wir selbst zu sein und unsere individuelle Identität zu entwickeln. Wenn zwei Menschen Eltern werden, dann haben sie immer ihre eigenen Vorstellungen und Wünsche, wie ihr Kind zu sein hat. Selbst wenn sie wollen, dass ihr Kind es selbst sein darf und sich zu einer eigenständigen Persönlichkeit entwickelt, sind sie immer geprägt von ihrer eigenen Geschichte und – natürlich – niemals vollkommen. Das heißt: Die Entwicklung eines Kindes ist immer davon abhängig, auf welche Art und Weise die Eltern ihrem Kind begegnen, ob sie es annehmen und wertschätzen oder auch bestimmte von ihnen nicht akzeptierte Verhaltensweisen und -äußerungen ablehnen.

Damit wir zu unserem Selbst werden können und sich unsere Persönlichkeit entfalten kann, ist es notwendig, geachtet und wertgeschätzt zu sein. Wir brauchen ein liebevolles Gegenüber, das in der Lage ist, eine Bindung einzugehen. Diese Bindung muss uns einerseits Sicherheit und Zuverlässigkeit bieten und auf der anderen Seite einen großen Freiraum zur eigenen Entfaltung lassen. Besonders im Baby- und Kleinkindalter, wenn es noch keine oder kaum verbale Kommunikation gibt, sind wir darauf angewiesen, dass jemand unsere Signale wahrnimmt und entsprechend darauf reagiert. Es geht hierbei unter anderem um Bedürfnisbefriedigung, und zwar in allen Bereichen des Seins. Nicht nur Nahrung und Pflege sind wichtig, sondern ebenso Nähe und Distanz, Ruhe und Stimulation, Wärme und Freiraum, Gehaltenwerden und Autonomie.

Heranwachsende Kinder erleben ihre Umwelt sehr unmittelbar und direkt. Und ebenso unmittelbar und direkt reagieren sie. Das heißt, sie zeigen sich, wie sie sind: mit Lachen und Weinen, Freude und Trauer, Glücklichsein und Wut. Das tun sie aber nur, wenn es ihnen zugestanden wird. Das heißt, wenn es in Ordnung ist, Gefühle zu haben, sie wahrzunehmen und sie auch zu zeigen. Wenn es in Ordnung ist, sich so zu zeigen, wie einem zumute ist.

Aufgrund der eigenen Geschichte reagieren Eltern aber nicht immer in einer förderlichen Art und Weise auf ihre Kinder. Das heißt, dem Kind und seinen Äußerungen wird oft nicht die notwendige, bedingungslose Akzeptanz und Achtung entgegengebracht. Ein Kind reagiert dann damit, dass es eigene Wünsche und Bedürfnisse sowie auch Gefühle unterdrückt, damit es die elterliche Liebe nicht verspielt. Dazu gehören nach meiner Erfahrung vor allem Gefühle, die negativ bewertet werden wie z. B. Wut oder Zorn, Widerstand, aber auch Angst und Verzweiflung. Diese Gefühle rufen bei Eltern häufig Hilflosigkeit, Abwehr oder autoritäre Reaktionen hervor. Und deshalb werden sie nicht zugelassen, sondern verdrängt – das gilt für die Eltern wie für das Kind.

Es scheint sehr schwer zu sein, Gefühle zuzulassen und mit ihnen umzugehen. Ob es nun die eigenen sind oder die eines anderen. Wir versuchen uns lieber auf dem Weg des Verstandes und der Rationalität oder der Beherrschung; der Beherrschung unserer selbst und unserer Empfindungen. Das erscheint weniger gefährlich und besser kontrollierbar.

Von Angst bis Zurückhaltung

Teens erleben ihre Gefühle meist sehr unmittelbar und intensiv. Das macht die Arbeit und das Zusammensein mit ihnen so spannend und manchmal auch herausfordernd. Sie befinden sich in einem ganz wichtigen Abschnitt ihrer Entwicklung. Sie befreien sich zum großen Teil, wenn sie nicht von zuviel elterlicher Dominanz und Autorität erdrückt werden, von Normen und Verhaltensweisen, die sie in ihrem bisherigen Leben verinnerlicht hatten. Gerade deshalb wirken sie so hin und her gerissen in ihrem Handeln und Fühlen. Und deshalb können Gefühle aller Art und ungesteuerte Emotionen aus ihnen herausbrechen. Und das ist gut so! Wir sollten uns darüber freuen, wenn Teenager sich so zeigen können. Das ist ein Zeichen von innerer Lebendigkeit und Entwicklung.

Aber was können wir nun tun, wenn Teens im seelsorgerlichen Gespräch heftige Gefühle zeigen? Wenn sie weinen, wütend sind oder wenn Ängste, innere Schmerzen oder sogar Hass aufbrechen? Entscheidend ist, zunächst einmal anzunehmen und zu akzeptieren, was uns an Gefühlen begegnet. Wir neigen schnell dazu, zu zensieren oder zu relativieren, etwa mit Sätzen wie: „Der wollte dich doch nicht verletzen. So hat er es sicher nicht gemeint." Oder: „Jetzt übertreib mal nicht. So schlimm ist das Ganze doch nicht." In der Gemeinde kommt oft auch schnell die Aufforderung, jemandem zu vergeben. Damit nehmen wir den Teen nicht ernst, sondern verletzen ihn unter Umständen noch einmal. Denn was immer passiert ist und dieses bestimmte Gefühl ausgelöst hat: Es ist nicht uns widerfahren, sondern ihm. Und der Teenager empfindet und reagiert so, wie er empfindet und reagiert, und zwar anders als wir.

Auf der anderen Seite ist es aber auch wenig hilfreich, in den Emotionen des Teenagers mit zu versinken und darin aufzugehen. Einfühlungsvermögen bedeutet immer, empfindsam zu sein und trotzdem bei sich selber zu bleiben. Es geht darum, mitzufühlen und die Empfindungen des Anderen zu erspüren, als ob es die eigenen wären, ohne diese „Als-ob-Ebene" zu verlieren. Um ein Bild zu gebrauchen: Wenn du einen Ertrinkenden siehst und ihn retten willst, musst du schon ins Wasser. Du wirst nass und ebenso wie er durch die Wellen hin- und her geschaukelt. Aber du solltest bei allem, was du tust, sehr genau wissen, wie du es tust, und dir selbst und deiner Handlungen bewusst sein. Denn wenn ihr beide untergeht, hilft das niemandem.

Dieses wirkliche Mitfühlen und Empfinden ist meines Erachtens der entscheidende Punkt innerhalb der Seelsorge. Wenn jemand als Seelsorger Gefühle des anderen wiederholt außer Acht lässt, wird er vielleicht beratend tätig sein, aber nicht im Sinne einer guten Sorge um die Seele des anderen handeln. Das ist keine Seelsorge, die Heilung für die Seele bedeutet oder auch, wie im Namen „Jeschuah" beinhaltet, das Leben des anderen „weit macht" oder „Raum schafft". Und darum soll es doch eigentlich gehen.

Nun gibt es innerhalb von seelsorgerlichen Gesprächen aber nicht nur die Situation, dass der Teen Emotionen zeigt. Es kann auch sein, dass er oder sie gerade keine Gefühle ausdrückt, sie vielleicht gar nicht wahrnehmen kann oder darf. Ich finde es ziemlich schwierig, in diesen Situationen angemessen und hilfreich zu reagieren. In unserer Gesellschaft haben viele Menschen, wie bereits beschrieben, schon früh die Erfahrung verinnerlicht, dass es nicht immer ratsam ist, Gefühle zu zeigen. Deshalb unterdrücken sie emotionale Impulse. Die Aussage: „Wenn ich immer auf meine

Gefühle höre, dann bestimmen sie mich – und das finde ich nicht gut" ist für solch eine Person typisch. Was können wir tun, wenn uns in der Seelsorge jemand sachlich ein Problem schildert, dessen Inhalt uns vielleicht emotional aufwühlt, aber ihn selbst eben nicht? Auch hier gilt es wieder, einfühlsam zu sein, den anderen zu akzeptieren und zu achten. Es gibt immer eine Ursache dafür, warum er gerade so reagiert. Oft hat dieses Verhalten etwas mit Schutz zu tun. Denn wie soll jemand gelernt haben, mit Emotionen umzugehen, wenn das bis dahin in seinem Leben nicht wirklich erlaubt war? Wenn es bisher kein Gegenüber gab, das Gefühle zugelassen und mit ausgehalten hat.

Mitheulen oder cool bleiben?

Was können wir nun ganz praktisch tun? Zunächst einmal ist es wichtig, keine Angst davor zu haben, was immer der Teen zeigt, sei es eine heftige Gefühlsäußerung oder eher kühle Sachlichkeit. Das Entscheidende ist, dass wir als Gegenüber da sind. Dass wir ein Beziehungsangebot machen, das unabhängig ist vom Verhalten des Teens. Dass wir aushalten, was ihn bewegt und wie er das zeigt. Allein dass der Teen so sein kann, wie er ist, hat schon eine direkte Auswirkung auf seine Person (und ist damit Seelsorge!) - gerade weil bedingungsfreie Anerkennung und Annahme so ungewohnt für ihn sind. Im übrigen ist dies genau die Haltung, die Jesus uns Menschen gegenüber einnimmt. Er ist da und nimmt uns so an, wie wir sind.

Es kann hilfreich sein, den Teenager zu ermutigen, über sich zu reden und viel von sich mitzuteilen, denn schon das Erzählen der eigenen Geschichte hat eine heilende Wirkung. Damit drücken wir deutlich aus, dass wir am anderen interessiert sind. Wenn es einzelne Punkte gibt, die nicht ganz klar sind, sollte man konkret nachfragen. Es kann sein, dass der Jugendliche eine ganze Palette von Themen anspricht. Das ist okay. Aber es kann auch sinnvoll sein, an der einen oder anderen Stelle inne zu halten und genauer hinzuschauen. Wann so ein Punkt erreicht ist, kann sich an verschiedenen Dingen zeigen. Da ist zunächst einmal die Reaktion des Teenagers. Vielleicht wird seine Stimme lauter oder leiser, seine Körperhaltung verändert sich, er ist angespannter oder betont witzig. Was auch immer, es ist ganz wichtig, als SeelsorgerIn aufmerksam zu sein. Wenn dir eine solche Reaktion auffällt, dann könntest du das folgendermaßen ansprechen: „Ich habe den Eindruck, dass dich das, was du gerade erzählst, bewegt" (oder traurig macht, dir Angst macht, dich unter Druck setzt oder ...). Das kann als Frage in den Raum gestellt werden oder auch als Aussage, die der Teen natürlich korrigieren darf. Nicht alles, was wir im Seelsorgegespräch empfinden, ist logischerweise genau das, was der andere meint. Aber trotzdem ist es hilfreich, die eigenen Wahrnehmungen auszusprechen. Daran kann der Teenager dann nämlich wiederum seine Empfindungen abgleichen und gegebenenfalls noch genauer nachspüren und erläutern, wie er empfindet. Überhaupt ist es sinnvoll, die Frage nach dem „Wie" zu stellen („Wie fühlt sich das und das an?"; „Wie hast du das in Erinnerung?") und nicht einfach nur die Frage nach dem „Warum", denn dann sind wir wieder ganz schnell auf der rationalen Spur.

Es kann auch sein, dass dir selbst irgendetwas besonders auffällt oder dich etwas berührt, während der Teenager erzählt. Dann solltest du es ansprechen, auch wenn dem Teen zunächst nichts anzumerken ist. Das könnte mit den Worten geschehen: „An dem, was du eben erzählt hast, bin ich hängen geblieben. Es hat mich berührt und traurig (wütend, ängstlich usw.) gemacht." Dieses einfühlsame Innehalten bietet die Chance, an Punkten zu arbeiten, die vom Teenager eventuell aus verschiedenen Gründen nicht wahrgenommen oder übergangen werden. Solch ein Vorgehen kann als „Leading-Schritt" bezeichnet werden, also als eine Art Führung, die in einen tieferen, hilfreichen Prozess für den Teen münden sollte.

Manchmal steht eine Person im Seelsorgeprozess quasi am Rand eines entscheidenden Punktes, am Rand des Spürens und Bewusstwerdens und damit am Rand des reiferen Reagierens und Handelns. Hier ist es dann die Aufgabe des Seelsorgers, der Seelsorgerin, behutsame und einfühlsame Leading-Schritte zu gehen. Eine Möglichkeit dies zu tun, besteht darin, dass man sich vorstellt, man stünde hinter dem Teen, würde ihm die Hände auf die Schultern legen und versuchen, Worte dafür zu finden, wie er oder sie sich fühlt. Auch hier hat der Teenager natürlich das Recht, zu korrigieren oder diese Form der Vertiefung abzulehnen.

Jugendliche, die etwas zurückhaltend sind oder eher auf sachliche Art kommunizieren, könnten durch zu schnelle oder für sie zu direkte, auf ihre Gefühle bezogene Äußerungen eingeschüchtert oder verschreckt werden. Hier ist es neben der positiven Beziehung zwischen dem Teenager und dem Seelsorger ratsam, zunächst im Gespräch mitzugehen und dem Jugendlichen ganz klar die Leitung zu überlassen. Ziel sollte aber nicht das dahinplätschernde Gespräch sein, sondern ein Prozess, der den Jugendlichen weiterbringt, denn schließlich ist er ja dafür in die Seelsorge gekommen. In einer solchen Situation ist es unter Umständen sinnvoll, den Teen zu fragen, wonach er oder sie sich sehnt. Dann kann man das Gespräch mit Blick auf diese Sehnsucht weiterführen. Dieses zielgerichtete Mitgehen bezeichnet man als Pacing. Ein Pacer ist ein Schrittmacher: Er passt sich einerseits an und überfordert den anderen nicht, andererseits sorgt er dafür, dass der Prozess nicht zum Stillstand kommt. Hier liegt unsere Verantwortung in der Seelsorge: für den Prozess zu sorgen, nicht für die Lösung der Probleme. Das liegt vielmehr in der Verantwortung des Jugendlichen. Wir können ihn nur begleiten, mit ihm gehen und an der einen oder anderen Stelle gezielte Leading-Schritte anbieten. Ob und wie sich der Teen darauf einlässt, ist seine Sache.

Wenn Emotionen auftauchen, kann es manchmal hilfreich sein, in Bildern zu sprechen. Gefühle klar zu benennen, ist gar nicht so einfach. Deshalb sollten wir den Schatz an Bildern, den uns unsere Sprache anbietet, auch nutzen. Jesus hat das in seinen Gleichnissen praktiziert. Dadurch wird es möglich, schwierige Situationen besser zu verstehen und nachzuempfinden oder auch tiefer in Verletzungen einzutauchen. Dabei geht es nicht primär um Gefühle, die irgendwann mal da waren, sondern um die Empfindungen, die konkret und unmittelbar während des Gespräches auftauchen. Es geht um das Hier und Jetzt, denn nur in der Gegenwart können wir direkt spüren, handeln und reifer werden oder auch Heilung erfahren.

Verschaffen wir uns wieder einmal einen kleinen Einblick in das Gespräch zwischen Lena und Anna:

Lena erzählt: „Und dann war da noch im Matheunterricht der neue Referendar, der hinten in der Klasse gesessen hat. Und was macht mein blöder Lehrer? Holt mich an die Tafel, damit ich diese Aufgabe vorrechne! Oh, Mann! Der wusste ganz genau, dass ich das nicht kann. Also, ich hab mir echt Mühe gegeben, einen auf cool gemacht und versucht, die Situation mit ein paar Sprüchen zu retten. Ging natürlich daneben. Und jetzt kommt's. Da sagt der Typ doch: ‚Na Lena, war ja zu erwarten, dass du das nicht kannst und dich durch Rumalbern aus der Affäre ziehen willst. Lass es lieber, du schaffst das auch damit nicht!'" Anna hört Lena aufmerksam zu. Sie sieht, wie Lena lächelt, die Schultern hochzieht und dabei versucht, die Erinnerung an diese Situation abzuschütteln. Nach kurzer Zeit erzählt Lena weiter, wie sie mit ein paar Schulfreundinnen Shoppen war.

An dieser Stelle unterbricht Anna Lena und geht nochmals einen Schritt zurück. Sie sagt: „Du, Lena, ich häng noch an dem, was du gerade über den Matheunterricht gesagt hast. Du hast so schnell weitergeredet. Wenn ich mir vorstelle, was du da erlebt hast, dann finde ich das ziemlich heftig. Wie geht's denn dir damit?"

„Na ja", sagt Lena, „ach, ist ja auch egal. Ist eh ein blöder Typ." Sie scheint auszuweichen und wirkt, als ob es ihr doch etwas ausgemacht hat. Und genau darauf spricht Anna sie an: „Ich hab den Eindruck, dass diese Sache dir doch zugesetzt hat, oder? Da ist ein Lehrer, der dich vorführt und dir dann auch noch bescheinigt, dass er eigentlich sowieso nichts von dir erwartet. Das würde mich echt ärgern! Oder traurig machen ..." Sie hält kurz inne und beobachtet Lena. Anna will nicht einfach so in diesem Thema rumbohren, aber sie hat wirklich den Eindruck, dass hinter diesem Erlebnis und hinter Lenas Reaktion mehr steckt, als Lena vielleicht bewusst ist oder sie zugeben will. Lena scheint noch ein wenig hin und her gerissen, weil sie irgendwie ahnt, dass sie an einem kritischen Punkt sind, so banal er zunächst auch aussah.

Anna spricht das aus: „Was denkst du jetzt? Was geht gerade in dir vor? Was fühlst du? (Pause) Hast du Angst? Angst davor, dass das hier jetzt tiefer gehen könnte, als du eigentlich dachtest?" In diesem Augenblick fängt Lena an zu weinen. Unterbrochen von vielen Schluchzern erzählt Lena, dass sie die Situation erst nur ganz doof fand, aber dann später echt sauer und wütend geworden ist. Aber offensichtlich bewegen sie im Moment noch ganz andere Gefühle. Sie weint weiter, und Anna lässt ihr viel Zeit.

„Irgendetwas in dir tut ganz doll weh, Lena? Da ist etwas, was noch anders ist als die Wut, die du zunächst auf deinen Lehrer hattest? Magst du mal versuchen zu beschreiben, wie du dich gerade fühlst?"

Lena beginnt langsam und leise davon zu reden, wie beschämt sie war. Wie schlecht und ungenügend sie sich gefühlt hat. Und dass jetzt alte Erinnerungen an ähnliche Situationen auftauchen. Sie beschreibt eine Begegnung mit ihrem Vater vor längerer Zeit, in der er ihr total abwertend gesagt hat, dass er sowieso lieber einen Sohn gehabt hätte. Und das, obwohl sie sich doch so Mühe gegeben hat und vor allem ihm zuliebe zum Eishockeytraining gegangen ist.

Anna beginnt nach einer kleinen Pause zu reden: „Das tut echt weh. Du bemühst dich, es anderen Recht zu machen, und erntest nur Ablehnung. Weißt du, Lena, du kommst mir vor wie jemand, von dem die anderen denken, er sei ganz robust und selbstsicher. Und keiner will so richtig sehen, wie du wirklich bist. Und wenn du dich zeigst, wie du wirklich bist, dann stehst du ohne Schutz da und bist verletzlich. Und diese Schutzlosigkeit kann einem ziemlich Angst machen."

Anna hat Lena durch ihre Reaktion und ihr sensibles Innehalten die Möglichkeit gegeben zu spüren, was sie an tiefer liegenden Gefühlen in sich trägt. Sie hat nichts beschönigt oder relativiert. Sie ist einfach mit Lena mitgegangen und hat an der einen oder anderen Stelle einen Leading-Schritt gesetzt. Und das Ganze innerhalb einer verlässlichen und bedingungsfreien Beziehung.

Menschliches Potenzial und Gottes Power

Vielleicht fragt sich jetzt der eine oder die andere, ob es ausreichend ist, nur mitzugehen und solche Leading-Schritte zu setzen. Sollte Seelsorge nicht viel direktiver sein und deutlichere Handlungsanweisungen geben? Ich verstehe Seelsorge als eine besondere Form der Begleitung, die dem anderen mit Achtung und Einfühlungsvermögen gegenübertritt und nicht belehrend auftritt. Ich gehe davon aus, dass im Menschen selbst sehr viel Veränderungspotenzial und positive Entfaltungsmöglichkeiten stecken, weil Gott ihn mit sehr viel Potenzial geschaffen hat, nämlich als sein Ebenbild! Aber leider ist dieses Potenzial oft verschüttet und es bedarf der Unterstützung durch ein Gegenüber, um es freizulegen.

Es geht darum, dem Teen bei der Nutzung seiner Fähigkeiten und in seinem Reifungs- und Heilungsprozess zu helfen. Das Seelsorgeangebot gleicht der Tätigkeit einer Hebamme, die das Kind auch nicht selber zur Welt bringt, aber den Prozess der Geburt unterstützt und mal mehr, mal weniger eingreift. Eine Hebamme vertraut darauf, dass die Frau die eigentliche Arbeit leistet und das Kind gebären kann.

Genauso sollten wir dem Teenager grundsätzlich zutrauen, dass er seinen Weg finden wird und die Verantwortung für sich und sein Handeln übernehmen kann. Vielleicht hat mancher Vorbehalte gegen eine solche Einstellung, weil sie nach Selbstüberschätzung und auch Selbsterlösung klingt und das Augenmerk zu wenig auf das Fehlverhalten, die individuelle Schuld und die Sünde gerichtet wird.

Wenn ich mir jedoch vergegenwärtige, wie Jesus Menschen begegnet ist, dann sehe ich, dass die Frage nach der Schuld und dem falschen Verhalten immer untergeordnet war. Ein tolles Beispiel hierfür ist die Geschichte vom verlorenen oder besser: vom wieder gefundenen Sohn. Die Sehnsucht des Vaters, seine bedingungslose Annahme und die Freude über die wieder gewonnene Nähe sind viel wichtiger als das, was im Leben des jungen Mannes schief gelaufen ist. Die Haltung und innere Einstellung des Vaters war respektvoll und positiv. Er hatte totale Sehnsucht nach seinem Sohn, er wollte ihm begegnen, und zwar auf Augenhöhe. Das wird daran deutlich, dass er dem Sohn den Siegelring ansteckt. Der Vater zeigt damit, dass sein Sohn wieder zur Familie gehört. Er blickt auf ihn als Person und verurteilt und belehrt ihn nicht, spricht nicht von der Schuld und dem Versagen seines Sohnes. Er hat weder die „sachliche“ (objektive) Schuld (das verprasste Erbe) noch die „personenbezogene“ (subjektive) Schuld der erlittenen Kränkung und Missachtung zum Thema gemacht. Dass da insgesamt einiges daneben gegangen ist, wusste der Sohn von ganz allein („Ich habe gesündigt vor dem Himmel und vor dir …“, Lukas 15).

Es ist unsere Aufgabe (und auch Herausforderung!), dem Teenager in der Seelsorge in dieser Haltung und mit diesem Respekt zu begegnen. Und zum Glück müssen wir das nicht allein tun. Wir können Gott vertrauen, der den einzelnen Menschen als sein Gegenüber mit viel Potenzial und mit einem inneren Seismographen für seinen Willen (Römer 2) geschaffen hat. Denn Gott spricht auch heute noch ganz konkret Menschen an, begegnet ihnen und verändert sie durch die Kraft und Sanftheit seines Geistes.

Steffi Baltes

Seelsorge in der Kraft des Heiligen Geistes

Wenn du dich mit einem Teenager zum Gespräch triffst, dann kannst du davon ausgehen, dass er oder sie ziemlich aufgeregt ist. Und dir geht es wahrscheinlich ähnlich. Mir hilft es dann, mir erstens bewusst zu machen, dass ein Seelsorgegespräch nichts Dramatisches oder Weltbewegendes, sondern etwas ganz Normales ist. Ich brauche also keine Angst davor zu haben. Und zweitens bin ich nicht allein, denn Jesus lebt in mir und ist beim Gespräch und in unserem Gesprächszimmer mit dabei. Außerdem muss und kann ich es nicht „machen", dass der Teenager von dem Gespräch profitiert – das ist Gottes Sache. Und ich erwarte, dass der Heilige Geist den Verlauf unseres Gesprächs lenkt.

Wenn wir Jesus lieben und ihm folgen, dann lebt sein Heiliger Geist in uns. Das hat er seinen Freunden damals bei seinem Abschied versprochen: „Es ist besser für euch, wenn ich gehe. Sonst käme der nicht, der meine Stelle einnehmen soll, um euch zu helfen und zu trösten. Wenn ich euch verlassen habe, werde ich ihn zu euch senden (...) Wenn aber der Geist der Wahrheit kommt, werdet ihr die Wahrheit vollständig erfassen. Denn er redet nicht in seinem eigenen Auftrag, sondern gibt nur das weiter, was ihm gesagt wurde (...); denn alles, was er euch zeigt, kommt von mir" (Hoffnung für alle, Johannes 16,7.13.14b).

Jesus hat uns den Heiligen Geist gegeben, damit er uns hilft; in allen Lebenslagen, jederzeit und überall. Durch den Heiligen Geist sind wir mit Jesus unmittelbar verbunden, durch ihn haben wir Anteil an der Kraft und Autorität von Jesus, und durch ihn leitet Jesus uns. Das zu wissen ist ungeheuer wichtig, auch für unsere Aufgabe in der Teenager-Seelsorge. Der Heilige Geist ist das größte Potenzial, das Gott in uns hineingelegt hat, um dem Teen in der Seelsorge helfen zu können.

Wir können vor allem dann mit Gottes Geist rechnen, wenn wir in der Seelsorge mit Teenagern an den Punkt kommen, an dem alles, was wir in Büchern gelesen, in Seminaren gelernt oder uns selbst überlegt haben, nicht mehr ausreicht: „Denn der Heilige Geist wird euch zur rechten Zeit das rechte Wort geben" (Hoffnung für alle, Lukas 12,12). Genau das habe ich im Gespräch mit Teenagern schon oft erlebt: dass der Heilige Geist konkret zu mir spricht und mich während der Seelsorge auf bestimmte Dinge aufmerksam macht. Oder dass er mir hilft, zum richtigen Zeitpunkt zu ermutigen oder weiterführende Impulse zu geben.

Ich möchte dir ein paar Tipps und Ideen geben, wie du in diese Form der Seelsorge hineinwachsen kannst, in eine „Seelsorge in der Kraft des Heiligen Geistes".

Gottes Geist ist da

Oft schicke ich schon vor einem Gespräch ein kurzes Stoßgebet zum Himmel: „Jesus, ich bitte dich, dass du XY, der/die jetzt kommt, segnest. Bitte leite unser Gespräch durch deinen Heiligen Geist. Gib mir Weisheit und hilf, dass das zur Sprache kommt, was wichtig ist. Sei bei uns in diesem Raum und in unseren Herzen. Bestimme die Atmosphäre des Gesprächs mit deiner Liebe und deiner Wahrheit."

Ich mache mir bewusst, dass für unser Gespräch alles da ist, was wir brauchen: der Teenager, ich und Gott. Das ermutigt mich. Und ich mache mir bewusst, dass der Teenager von Gott geliebt und wertgeschätzt wird. Das hilft mir, dem Teenager mit einer positiven Einstellung zu begegnen. Aber vor allem erinnere ich mich vor einem Seelsorgegespräch daran, dass der Heilige Geist, der in mir lebt, mir alles gibt, was ich für das Gespräch brauche: Geduld, Weisheit, Einfühlungsvermögen, Mut, Klarheit, Liebe. Ich darf das Gespräch in Gottes Kraft und Vollmacht führen, denn ich gehöre ihm.

God is in control

Manchmal ist es hilfreich, auch das Seelsorgegespräch selbst mit einem Gebet zu beginnen. Das ist keine „eiserne Regel", sondern es hängt von den Umständen ab. Ich persönlich würde mein Gegenüber fragen: „Hast du etwas dagegen, wenn ich am Anfang kurz bete?" Ein Gebet kann helfen, dass beide, der Seelsorger und der Teenager, sich bewusst machen: Wir sind in Gottes Gegenwart. Das Gespräch und der Ausgang des Gesprächs hängen nicht allein an uns, sondern Gott ist da und spricht zu uns. Das kann ungemein entlastend sein, für uns als Seelsorger und den Teenager, der Hilfe sucht. Es lenkt den Blick auf Gott und schafft dadurch einen größeren Freiraum.

Anna sagt zu Lena: „Hast du was dagegen, wenn ich am Anfang unseres Gesprächs kurz bete?" Lena: „Nö, mach ruhig." Die Mitarbeiterin setzt sich entspannt hin und fängt an zu beten: „Jesus, ich danke dir, dass du jetzt hier bist. Danke, dass wir uns in deiner Gegenwart wohl fühlen und entspannen können. Danke, dass du uns kennst und für uns da bist. Du hast ganz viel Hoffnung für uns. Du weißt, was Lena auf dem Herzen hat. Du weißt, was gut für sie ist und was jetzt dran ist. Ich bitte dich, dass du uns in unserem Gespräch leitest. Amen."

Es tut einfach gut, sich mit dem Teen Gottes Gegenwart bewusst zu machen. Es ist toll zu wissen: Er hört uns, und alles, jedes einzelne Wort, jeder Gedanke, jedes Gefühl während des Seelsorgegesprächs, wird von ihm aufgenommen und ist ihm wichtig.

Wenn jemand zum allerersten Mal zur Seelsorge kommt, dann erzähle ich ihm oder ihr, dass ich (neben dem, was ich selber mit zu dem Gesprächsprozess beitragen kann) vor allem darauf vertraue, dass Gott selbst etwas in seinem oder ihrem Leben tut. Ich rechne damit, dass Gott ermutigt, ermahnt, tröstet, heilt, verschüttetes Potenzial freilegt und den Teen weiterbringt. Und ich erwarte, dass Gott schon während des Gesprächs zu uns redet. Das ist übrigens die wichtigste und total entspannende Grundlage der ganzen Seelsorgearbeit: God is in control. Es ist seine Aufgabe, zu helfen und zu heilen. Nicht unsere!

Ich lade den Teenager dazu ein, am Ende des Gesprächs zusammen mit mir gemeinsam mit Gott zu reden, auch mal still zu sein und auf ihn zu hören. Ich weise darauf hin, dass Heilung und Veränderung ein Prozess ist, der längere Zeit dauern kann und möglicherweise viele Gespräche und Gebete erfordert.

Beten – aber wie?

Wenn wir in unseren Gesprächen Wert auf das Gebet legen und auch auf Gott hören wollen, dann sollten wir darüber nachdenken, wie wir beten und welche Gebetshaltung wir einnehmen. Allein schon die Körperhaltung während des Gebets sagt viel über unsere innere Verfassung oder auch über unser Gottesbild aus.

Ich erinnere mich noch gut an meine eigene Teenkreiszeit, in der wir vor allem im Sitzen gebetet haben, nach vorne gebeugt, mit dem Kopf fast auf den Knien. An sich ist dagegen nichts einzuwenden, aber es drückt für mich auch Verkrampfung aus, eine gewisse Verschlossenheit und mitunter auch überbetonte Demut gegenüber Gott. Vielleicht denken wir uns aber auch gar nichts dabei, und diese Gebetshaltung ist uns einfach nur durch jahrelanges Üben in Fleisch und Blut übergegangen. Umso mehr wäre es dann an der Zeit, neue Gebetshaltungen auszuprobieren und einzuüben.

Ich ermutige die Teenager zum Beispiel oft, den Oberkörper aufzurichten, während wir mit Gott sprechen, und die Hände leicht geöffnet mit der Innenseite nach oben auf den Beinen abzulegen. Je nach Situation kann es auch gut sein, dass wir uns zum Gebet hinstellen und die Hände öffnen, wie es schon zur Zeit der ersten Christen als Gebetshaltung üblich war. Auch wenn der Teen es noch nicht ganz nachvollziehen kann – diese äußere Körperhaltung ist ein „Statement", das nach und nach verinnerlicht werden kann. Es soll dem Teen mitteilen: „Ich darf mich aufrichten. Ich darf Jesus ins Gesicht sehen. Ich muss mich nicht schämen und verstecken, denn er kennt mich und liebt mich so, wie ich bin."

Und Gott gegenüber soll diese Haltung ausdrücken: „Ich bin offen für das, was du sagen und tun willst. Ich bin aufmerksam und höre auf dich."

Die geöffneten Hände und leicht ausgestreckten Arme können je nach Gebetsanliegen Verschiedenes ausdrücken. Zum Beispiel: „Ich gebe dir alles, was mich belastet, was mir weh tut" oder: „Ich überlasse dir alles, was mich von dir trennt und was ich so gerne festhalten würde" oder: „Ich will etwas von dir, alles, was du mir geben willst. Ich strecke mich nach dir aus. Füll meine leeren Hände, füll meine Sehnsucht, füll mich mit deinem Geist".

Natürlich können je nach Situation auch andere Gebetshaltungen hilfreich sein. Wenn es um Beichte geht, haben manche das Bedürfnis, im Knien zu beten und ihr Herz vor Gott auszuschütten. Wenn wir ihnen dann im Namen von Jesus die Vergebung zusagen, können wir ihre Schultern oder Hände anfassen und ihnen behutsam wieder aufhelfen – das kann für den Teen zu einem Ausdruck dafür werden, dass Gott ihm vergibt, ihn wieder aufrichtet und tröstet.

Eine andere Gebetshaltung mit langer Tradition und hohem Symbolgehalt ist das Hinlegen, mit dem Gesicht nach unten und mit ausgestreckten Armen (in Kreuzform). Damit drücke ich aus: „Jesus, ich gebe mich dir ganz. Du bist mein Herr."

Wenn ich mich hingegen mit dem Gesicht nach oben entspannt auf dem Boden ausstrecke und dabei bete, ist es eher ein Ausdruck dafür, dass ich bei Gott zur Ruhe kommen kann und sicher und geborgen bin.

Es gibt bestimmt noch viele andere Gebetshaltungen, die ihr kreativ und mit dem Einverständnis des Teens während eurer Gebetszeiten ausprobieren könnt. Allein schon die Körperhaltung während des Gebets kann Gott dazu verwenden, zu dem Teenager zu sprechen und ihn zu verändern.

Auf Gott hören

Als Teenager war ich immer davon beeindruckt, wenn jemand mit möglichst vielen und geistlich klingenden Worten gebetet hat. Doch das ist gar nicht nötig. Natürlich darf ich Gott mein Problem schildern oder mein Herz ausschütten, das ist klar. Aber das kann ich in einfachen, kurzen Sätzen tun. Und das Gebet ist dann nicht damit zu Ende, dass ich schnell „Amen" sage und mich wieder anderen Dingen zuwende. Denn Beten ist keine Einbahnstraße – nur *ich* rede und Gott hört zu. Nein, Gebet ist *Gespräch* mit Gott, und zu einem Gespräch gehört, dass jeder mal redet und jeder mal zuhört. Wenn ich im Gespräch mit Gott bin, dann ist das eigentlich Spannende, *auf Gott zu hören,* zu erkennen, was er meinem Verstand, meinem Herz und meiner Seele sagen will.

Für mich ist der junge Samuel in dieser Hinsicht ein Vorbild. Er musste auch erst lernen, dass Gott *wirklich* redet. Und er musste sich daran gewöhnen, wie sich Gottes Stimme überhaupt anhört. Erst nach einigen Anlaufschwierigkeiten gelang es ihm, für Gottes Stimme sensibel zu werden. Als er das kapiert hatte, sagte er ganz schlicht: „Sprich, Herr, ich höre" (Hoffnung für alle, 1. Samuel 3,10) und war dann erst einmal still. Und Gott redete mit ihm.

Gott redet gerne, und besonders gerne zu jungen Leuten. Viele der großen Männer und Frauen der Bibel und der Kirchengeschichte lernten schon als Teenager, auf Gott zu hören. Nur so konnten sie in ihre Berufung hineinwachsen. Und nur so konnten sie reifer werden und ihr Potenzial entfalten. So konnten sie Frauen und Männer nach dem Herzen Gottes werden. Wenn wir uns Zeit nehmen, zusammen mit den Teenagern dieses „hörende Gebet" zu trainieren und zu praktizieren, dann kann Gott direkt zu ihnen reden und sie heilen.

Ob Lena auch so etwas erlebt?

Lena betet zusammen mit Anna. Es ist toll, dass Lena im Lauf der gemeinsamen Gespräche gelernt hat, ihre Bedürfnisse vor Gott auszusprechen. Manchmal bricht es wie ein Wasserfall aus ihr heraus, und sie sagt Gott alles, was ihr in den Sinn kommt. Das ist gut. Gott freut sich darüber. Anna hat das Gefühl, dass es nun an der Zeit ist, einen Schritt weiterzugehen. Sie sagt: „Lena, ich möchte gerne, dass wir heute, nachdem wir mit Gott gesprochen haben, einfach ein paar Minuten ganz still sind. Vielleicht kannst du zu Gott sagen: ‚Ich möchte dich hören, Gott', und dann bleib einfach in einer Gebetshaltung. Lass die Augen geschlossen, entspann dich und versuch in dich hineinzuhören." Lena antwortet: „Und was soll das bringen?" Anna: „Ich erwarte, dass Gott zu dir und zu mir redet. Oft hören wir Gottes Stimme erst dann, wenn wir zur Ruhe kommen." Lena: „Ich weiß nicht. Ich hab Gott noch nie reden gehört. Aber ausprobieren schadet ja nichts."

Nachdem Lena gebetet hat, sind beide eine Weile still. Anna spricht nach einigen Minuten noch ein kurzes Segensgebet. Dann fragt sie Lena: „Hast du irgendetwas gedacht oder gehört? Hast du den Eindruck gehabt, dass Gott mit dir redet?" Lena: „Hmmm ... also ich hab mich ganz eigenartig gefühlt ... irgendwie ganz ruhig und zufrieden. Und dann, dann hab' ich plötzlich ans Meer gedacht und daran, wie ich am Strand entlanggehe. Jemand geht mit mir und hält meine Hand, und ich war einfach nur ruhig und glücklich. Komisch, nicht? Was meinst du, war das Gott?"

Gott kann auf ganz unterschiedliche Weise zu uns reden. Wenn Teenager anfangen, das „hörende Gebet" einzuüben, ist es durchaus möglich, dass sich scheinbar zunächst gar nichts tut. Jemand hat einmal gesagt, dass Gottes Stimme vergleichbar ist mit einem Schmetterling, der im Vorbeifliegen mit seinem Flügel sanft unsere Wange berührt – „Oh, war da was ...?"

Gottes Stimme ist oft leise und leicht zu überhören. Es dauert einige Zeit, bis wir unsere „Ohren des Herzens" auf Gottes Frequenz eingestellt haben. Manche Teenager, wie in Lenas Fall, hören Gottes Stimme, können aber noch nichts damit anfangen.

Es kann sein, dass ihnen während des Gebets plötzlich ein Bibelvers einfällt, durch den Gott zu ihnen redet. Oder uns als Seelsorgern kommt ein Bibelwort in den Sinn, während wir gemeinsam beten und auf Gott hören. Wir sind uns vielleicht unsicher, ob der Vers dem Teenager etwas sagt oder ob Gott möchte, dass wir ihn weitergeben. Aber wenn wir es nicht wagen, werden wir nie erfahren, ob Gott nun gerade durch diese Bibelstelle dem Teen etwas sagen wollte. Auch wir als Jugendmitarbeiter und Seelsorger müssen erst einüben, auf Gottes Stimme zu hören. Und wir dürfen dabei mutig sein. Und sensibel.

Während einer Stillephase im gemeinsamen Gebet fällt Anna eine Bibelstelle ein. Lena sitzt gerade mit geschlossenen Augen da und scheint in sich hineinzuhören. Anna sagt vorsichtig: „Mir fällt gerade der Vers ein: ‚Fürchte dich nicht, ich habe dich erlöst. Ich habe dich bei deinem Namen gerufen, du bist mein.' Kannst du was damit anfangen, Lena?"
Lena öffnet die Augen und sagt: „Das ist ja cool! Das ist mein Konfi-Spruch gewesen! Den hab' ich mir damals selbst ausgesucht, weil ich ihn so schön fand! Woher wusstest du das?" Anna sagt: „Ich wusste das nicht. Vielleicht will Gott dich neu daran erinnern, dass er dich lieb hat und du keine Angst zu haben brauchst!?"

Es ist wichtig, den Teenager selbst entscheiden zu lassen, ob er das Gehörte als Gottes Wort an ihn persönlich akzeptieren will oder nicht. Denn erstens müssen wir immer damit rechnen, dass wir uns „verhört" haben können, und zweitens ist Gott ein Gott der Freiheit, der die Teens nicht zu irgendetwas zwingen will, was sie nicht wollen. Deshalb sollten wir mit Formulierungen wie „Der Herr sagt zu dir ...", „Gott möchte von dir ...", „Gott will das und das in deinem Leben tun ..." sehr vorsichtig sein.

Persönlich habe ich viele gute Erfahrungen damit gemacht, die Teens zum selbstständigen Hören auf Gott zu ermutigen und auch mich selbst darin zu üben, Gehörtes weiterzugeben – allerdings möglichst sensibel und nicht manipulierend.

Es kann auch sein, dass der Teen oder der Seelsorger ein Bild oder eine ganze Szene vor seinem inneren Auge sieht, wie Lena in unserem Beispiel. Manchmal können das durchaus dramatische Bilder sein. Ich erinnere mich an ein Bild, das ein Mitarbeiter in einem Gottesdienst während der Gebetszeit vor seinem inneren Auge „sah": Ein Mensch ist am ganzen Körper mit Ketten gebunden. Er kann sich nicht bewegen. Jesus kommt und nimmt ihm nach und nach die Ketten ab, so dass er wieder frei ist.

Dieses Bild wurde im Gottesdienst weitergegeben, verbunden mit der Einladung, dass jeder, der sich davon angesprochen fühlt, gerne zum Gebet nach vorne kommen kann. Tatsächlich wurden davon junge Menschen angesprochen, weil es genau in ihre momentane Situation passte. Sie haben gespürt, dass Gott direkt in ihre Lage hineinspricht und sie ermutigt.

In der Bibel ist öfter davon zu lesen, dass Gott durch das redet, was Menschen sehen, sei es vor dem inneren oder äußeren Auge. Bildliche Eindrücke reden zu unserer Seele manchmal sogar stärker als ein Bibelwort.

Gott hat so viele Möglichkeiten, zu uns und den Teenagern zu reden – viel mehr, als wir uns vorstellen können. Manchmal erfordert es jedoch Mut und Zutrauen, sich darauf einzulassen.

Neben diesem Reden Gottes durch Bibelverse oder Bilder kann er auch noch in anderen Formen zu uns sprechen. Dazu gehört zum Beispiel, dass Gott Emotionen freisetzt, die zum Teil für Außenstehende vielleicht etwas befremdlich wirken. Gott hat kein Problem damit, durch unsere Gefühle und unseren Körper hindurch und in unseren Körper hinein zu reden. Wenn er das tut, dann in einer Weise, die Hoffnung schenkt und Veränderung ermöglicht.

In der Bibel und in der Kirchengeschichte finden sich Beispiele, wie Gott durch seinen Geist auch Emotionen berührt. Da brechen Menschen plötzlich ohne ersichtlichen Grund in anhaltendes Gelächter aus, weil Gottes Geist sie mit einer tiefen Freude erfüllt. Oder Menschen fangen heftig zu weinen an, weil Gottes Geist ihnen klarmacht, dass sie etwas falsch gemacht haben und mit Gott ins Reine bringen müssen. Manche fühlen plötzlich eine große Schwere und sinken auf ihre Knie oder gehen zu Boden, weil sie mit Gottes Herrlichkeit und Gegenwart konfrontiert werden. Sie fangen plötzlich an zu hüpfen und zu tanzen wie David vor der Bundeslade, weil sie sich so über Gott freuen.

Manches davon kann uns auch in unseren Gebeten mit Teenagern begegnen, wenn wir offen sind für Gott und das Wirken seines Geistes. Es kann zum Beispiel vorkommen, dass ein Teen während des gemeinsamen Gebets anfängt zu weinen, weil Gottes Geist ihn berührt und sich lange vergrabener

Schmerz Luft macht. Oder ein breites Lächeln überzieht sein Gesicht, weil er, auch ohne ersichtlichen Grund, auf einmal einen tiefen Frieden und eine große Freude in sich spürt.

Es ist aufregend und lohnend, bewusst mit Gottes Geist und seinem Wirken während unserer Gespräche und Gebete mit den Teens zu rechnen. Es ist toll, gemeinsam auf dem Weg zu sein und zusammen zu erleben, wie Gott heute handelt – am Teen, an uns und durch uns.

Gesten und Symbole

Symbole und Gesten können ein wichtiger und äußerst hilfreicher Bestandteil unserer Seelsorgearbeit mit Teenagern werden. Hab' ruhig Mut, vorsichtig auszuprobieren und mit dem Teen darüber zu sprechen, was hilfreich ist.

Ich habe erlebt, dass es für manche hilfreich ist, wenn ich ihnen während des gemeinsamen Gebets als Segensgeste eine Hand auf ihre Schulter oder den Kopf lege. Das zeigt ihnen: „So wie ich diese Hand auf meiner Schulter spüre, so ist Gott für mich da. Er steht zu mir, er ist mir nah, er berührt mich." Diese Geste kann für die Teens zu einem aussagekräftigen und spürbaren Symbol für Gottes segnende Gegenwart werden. Nicht umsonst lesen wir in der Bibel, dass schon die erste christliche Gemeinde das Gebet mit Handauflegung praktiziert hat. Und schließlich hat auch Jesus selbst unter Handauflegung gesegnet und geheilt. Er wusste, wie wichtig und kraftvoll Symbole sind, wenn man sie richtig einsetzt.

Als Freunde und Nachfolger von Jesus dürfen wir das gesamte Potenzial ausschöpfen und alles Handwerkszeug gebrauchen, das er uns zur Verfügung stellt. Und natürlich gilt auch hier, dass wir erst üben müssen, wie wir Gesten und Symbole sinnvoll und weise einsetzen können.

Weise bedeutet in diesem Fall, dass ich nicht immer bei *jedem* Gebet diese Segensgeste verwende. Es kommt auf die Situation an und auf das Thema, um das es im Gebet gerade geht. Deshalb ist es gut, dass ich während des Gebets innerlich mit Gott im Gespräch bleibe und ihn bitte, mich zu leiten. Denn ich will ja nur das unterstützen, was Gott sowieso schon am Teenager tut, und nicht Gottes Wirken hindern. So frage ich den Teen auch vor oder während des Gebets, ob ich ihm überhaupt die Hand auflegen darf oder ob er das eher nicht möchte. Er soll sich auf keinen Fall bedrängt oder unwohl fühlen.

Es gibt noch weitere Gesten, mit denen wir sozusagen Gottes verlängerter Arm oder ein Vermittler von Gottes heilender Gegenwart für den Teenager werden können. Wenn zum Beispiel im Gebet schmerzliche Erinnerungen wieder hochkommen und der Teen zu weinen beginnt, dann kann es wichtig sein, ihn in den Arm zu nehmen und sanft festzuhalten – bis er sich ausgeweint hat. Diese Umarmung kann für den Teen zu einer Symbolhandlung dafür werden, dass er sich bei Gott ausweinen darf, dass er bei ihm geborgen ist und zur Ruhe kommen kann.

Ich sage bewusst: Es *kann* so sein, muss aber nicht. Solche Gesten sollten wir nicht unbedacht oder inflationär einsetzen (denn oft ist es auch wichtig, dass jemand sich erst einmal ausweinen darf, ohne dass wir ihn vorschnell in den Arm nehmen und trösten wollen). Wir brauchen hier Gespür, Sensibilität und ein Hören auf das, was Gott uns sagt.

Natürlich müssen wir auch im Blick haben, dass wir mit Körperkontakt – genauso wie mit Worten – unser Gegenüber manipulieren oder bedrängen können. Wir können zu schnell unserem eigenen Empfinden nachgeben oder auch Grenzen überschreiten. Jesus hat Gefühle und Grenzen anderer immer respektiert.

Eine andere Geste bzw. symbolische Handlung, die heilsam und befreiend wirkt, ist der Einsatz von Wasser, zum Beispiel bei der Beichte. Beichte kommt uns ja etwas altmodisch vor. Es gibt sie aber heute immer noch – wie zu Zeiten der ersten Christen. Dahinter steht die Erfahrung, dass es manchmal einfach nicht reicht, Gott im stillen Kämmerlein sein Herz auszuschütten und zu erzählen, welchen Mist man gebaut hat. Viele falsche Verhaltensweisen, viel Schuld verliert ihre Macht, wenn sie erst einmal vor einem anderen ausgesprochen wird, der Jesus auch lieb hat. Dann ist es eine total erleichternde Erfahrung, wenn uns dieser Mensch im Namen von Jesus die Vergebung unserer Schuld zuspricht. Man braucht manchmal einfach eine menschliche, laut hörbare Stimme, die mir das zuspricht, was ich selbst gerade nicht mehr glauben kann: dass Gott unendlich gnädig ist und mir einen neuen Anfang schenkt.

Lena hat etwas ganz Bestimmtes auf dem Herzen. Sie weiß, sie muss etwas mit Gott ins Reine bringen, und es ist ihr wichtig, dass ein anderer ihr dabei hilft. Deshalb trifft sie sich mal wieder mit Anna. „Du", sagt sie, „es ist mir eigentlich total peinlich, aber ich muss dir einfach was erzählen. Ich weiß gar nicht, wie ich anfangen soll ..."

Nach einigem Rumdrucksen erzählt Lena, was sie schon ganz lange quält, wo sie schuldig geworden ist an anderen Leuten und auch an Gott. „Manchmal fühle ich mich richtig dreckig, wenn ich daran denke, was ich gemacht habe", sagt Lena. „Wie soll ich das jetzt mit Gott klären?" Anna ermutigt sie: „Sag ihm doch einfach noch mal, so wie du es mir auch erzählt hast, was dir auf dem Herzen liegt – und dann bitte ihn um Vergebung."
Lena schüttet ihr Herz vor Gott aus. Während Lena noch betet, nimmt Anna ein Tuch und taucht es in eine Schale mit Wasser. Als Lena ihr Gebet beendet hat, wäscht sie ihr damit sanft über das Gesicht. Dabei sagt sie: „So wie ich mit diesem Wasser dein Gesicht wasche, so wäscht Gott deine Schuld ab. ‚Wenn wir unsere Schuld bekennen, so ist Jesus treu und gerecht, er vergibt uns die Sünden und reinigt uns von aller Ungerechtigkeit', heißt es in der Bibel (1. Johannes 1,9). Gott vergibt dir deine Schuld, Lena, das darf ich dir im Namen von Jesus sagen." Lena schaut auf und sagt: „Das hat gut getan. Jetzt bin ich richtig erleichtert!"

Natürlich könnt ihr den Teens auch die Vergebung zusprechen, ohne symbolische Handlungen wie das Waschen des Gesichts oder der Hände einzusetzen. Aber es ist gut, dafür offen zu sein und sich nicht zu scheuen, es einmal auszuprobieren. Solche Symbolhandlungen vermitteln die Realität von Gottes Gnade und Vergebung mitunter mehr, als Worte es können.

Ich möchte noch eine andere symbolische Handlung erwähnen. In unseren Gottesdiensten haben wir gute Erfahrungen damit gemacht, hin und wieder auch Salböl zu verwenden, während wir mit anderen beten. Salböl war zu Zeiten des Alten wie des Neuen Testamentes bekannt und beliebt: „Du salbest mein Haupt mit Öl und schenkest mir voll ein" (Psalm 23,5); „Gott ist's aber, der uns fest macht (...) in Christus und uns gesalbt und versiegelt und in unsere Herzen als Unterpfand den Geist gegeben hat" (1. Korinther 1,21f). Die Salbung bzw. das Salböl ist unter anderem ein Zeichen für Gottes Begabung durch seinen Geist, für Gottes Fülle, für seine Güte und Heilung.

Angenommen, du betest mit einem Teenager, der eine Aufgabe in der Jugendarbeit eurer Gemeinde übernimmt. Dann kannst du am Ende des Gebets mit Öl ein Kreuz auf seine Stirn zeichnen und dabei sagen: *„So wie das Öl deine Haut durchdringt, so soll dich Gottes Geist durchdringen und dich für deine neue Aufgabe ausrüsten. Ich segne dich im Namen des Vaters, der dich geschaffen hat, und im Namen des Sohnes, der sein Leben für dich gegeben hat, und im Namen des Heiligen Geistes, der dich erfüllt und mit Gott verbindet."*

Für den Teenager wird das Salböl auf seiner Haut, das er spürt (und vielleicht auch riecht), zu einem starken Symbol für Gottes Gegenwart in seinem Leben.

Salböl lässt sich in vielen Situationen einsetzen. Aber auch hier gilt wieder: Verwende es nicht inflationär, sondern je nach Situation und deiner eigenen Einschätzung. Es muss übrigens kein besonders zusammengesetztes oder „heiliges" Öl sein. Du kannst dir einfach in der Apotheke etwas Weizenkeimöl oder ein anderes, hautverträgliches Öl abfüllen lassen oder auch ganz einfach Baby- oder Olivenöl nehmen.

Ich möchte noch zwei weitere Symbole nennen, die sich gut in der Seelsorgearbeit mit Teenagern einsetzen lassen. Das kraftvollste Symbol überhaupt ist für mich immer noch das Kreuz. Wenn du dich mit einem Teenager zum Seelsorgegespräch und Gebet triffst, dann kannst du ein kleines Holzkreuz auf den Tisch legen, an dem ihr sitzt. Einfach so, als sichtbares Zeichen für die Gegenwart von Jesus, der dem Teen durch sein Kreuz neues Leben und Hoffnung schenken will. Vielleicht stellst du noch eine brennende Kerze dazu als Zeichen für Gottes Licht, das auch die scheinbar dunkelste Situation erhellt. Es ist gut, wenn der Teenager etwas hat, worauf er während des Gespräches seinen Blick richten kann. Denn vielleicht mag er uns als Gesprächspartner nicht die ganze Zeit anschauen, weil er das offene Reden nicht gewohnt ist und es ihn verlegen macht.

Es kann sein, dass ihr während des Gesprächs oder Gebets in eine Situation kommt, in der du merkst: Jetzt wäre es gut, wenn sich der Teen am Kreuz von Jesus sozusagen „spürbar" festhalten könnte. Vielleicht weil er ständig von negativen Gedanken gequält wird und sich selbst ablehnt oder weil er über tatsächliche Schuld nicht hinwegkommt. Dann ermutige ihn, das Kreuz fest in seine Hand zu nehmen und vielleicht zu beten: *„Jesus, ich halte mich an deinem Kreuz fest. Du bist für mich gestorben, damit ich leben kann. Ich halte mich an dir fest, und nichts kann mich von dir trennen."* Für solche Zwecke ist es gut, ein kleineres Holzkreuz zu haben, das man mit einer Hand bequem umschließen kann. Es gibt so genannte „Clutch-Crosses" (Handkreuze), die extra dafür angefertigt werden und sich gut zwischen Daumen, Zeige- und Mittelfinger halten lassen.

Sicher gibt es noch mehr Symbole, die in der Seelsorgearbeit mit Teens verwendet werden können, um etwas von Gottes Wirklichkeit zu vermitteln. An dieser Stelle könnt ihr kreativ werden und offen sein für das, was Gott euch an Ideen schenkt.

Christen zu allen Zeiten haben bestimmte Symbole, Symbolhandlungen oder Gesten verwendet, weil sie wussten, dass sich etwas von Gottes Herrlichkeit und Wirklichkeit in ihnen zeigt. Sie taten und tun es, weil Jesus selbst uns das vorgemacht hat. Er hat Menschen gesegnet und ihnen dabei die Hände aufgelegt oder Brot und Wein als Symbole für seinen Leib und sein Blut eingesetzt.

Symbole, die wir anfassen, schmecken und riechen können, sind ein Geschenk Gottes an uns. Er weiß, dass wir ohne fühlbare und sichtbare Zeichen seiner Gegenwart auf Dauer nicht auskommen. Er hat uns nicht als vergeistigte körperlose Wesen geschaffen, sondern als sinnliche Menschen, die seine Herrlichkeit und Gegenwart auch mit ihren Sinnen und Gefühlen aufnehmen wollen. Und Gott ist uns so nah, dass er etwas von sich selbst in diese Symbole hineinlegt, wann immer wir sie in seinem Namen und in seinem Willen verwenden.

Steffi Baltes/Anche Rahn

Help! Häufige Fragen und Probleme von Teens

Im folgenden Kapitel wollen wir acht häufig auftauchende Fragen innerhalb der Teenager-Seelsorge etwas ausführlicher behandeln. Natürlich ist das nur eine kleine Auswahl. Selbst wenn Teenager mit gleichen oder ähnlichen Fragen zu uns kommen, sind die Umstände immer unterschiedlich und müssen individuell behandelt werden. Deshalb sollen die nachfolgenden Betrachtungen auch nur eine Idee davon wiedergeben, mit welcher Haltung und Einstellung man bestimmten Themen begegnen kann.

Sex, Liebe und jede Menge Fragen

Steffi Baltes

Im Teenage (aber nicht nur da ...) dreht sich vieles um die Sehnsucht nach Anerkennung und Liebe durch das andere Geschlecht. Jungs und Mädchen entdecken, dass sie eine eigene Sexualität haben, und fühlen sich zum anderen hingezogen.

Eine von christlichen Teens (meiner Erfahrung nach besonders von Mädchen) häufig gestellte Frage ist: „Wie weit kann ich gehen? Was ist erlaubt? Soll ich mit meinem Freund schlafen?" Gerade bei Mädchen spielt dabei die Angst eine Rolle, der Freund könnte einen blöd finden oder verlassen, wenn man nicht zu allem bereit ist. Manche Mädchen wollen gar nicht unbedingt schon mit ihrem Freund schlafen, würden aber alles mitmachen, nur um geliebt zu werden.

Dahinter steht eine große Unsicherheit über den Wert der eigenen Person. Mädchen haben oft nicht gelernt, ihren eigenen Körper anzunehmen und als etwas Wertvolles zu achten. Niemand hat ihnen gesagt, dass sie mit ihrem Körper vorsichtig und behutsam umgehen dürfen und dass Sexualität etwas ist, was nicht nur unseren Körper, sondern den ganzen Menschen betrifft.

Im Gegenteil. In *Daily Soaps* wie „Gute Zeiten – schlechte Zeiten", „Unter uns" oder „Verbotene Liebe" wird den Teens gezeigt, dass es vollkommen normal ist, viele wechselnde sexuelle Beziehungen zu haben. Heute der Niko, morgen der Max. Heute die Blonde, morgen die Brünette. Und die einzige Konsequenz scheint ein bisschen Liebeskummer zu sein. Leider ist es im richtigen Leben nicht so. Viele Teens haben mittlerweile schon in jungen Jahren so viele zerbrochene Beziehungen hinter sich, dass eine ganze Generation von emotional verletzten jungen Leuten heranwächst. Je intensiver eine Beziehung war und je größer die körperliche und sexuelle Nähe, desto schmerzhafter ist die Trennung. Auch wenn man innerlich vielleicht schon „abgehärtet" ist – die Spätfolgen für das eigene Leben und die Art, wie man zukünftige Partnerschaften lebt, sind für den Teenager selbst noch gar nicht abzusehen.

Was kannst du nun einem Teenager sagen, der (zum Glück noch) wissen will, wie Gott sich das alles gedacht hat? Sagt die Bibel überhaupt etwas Aktuelles zum Thema „Mann und Frau", „Sex" und „Sex vor der Ehe"?

Christen stehen ja in dem Ruf, verklemmt und körperfeindlich zu sein. Und manchmal sind sie es auch. Aber wir brauchen es nicht zu sein. Im Gegenteil. Gott hat uns als Frauen und Männer geschaffen und er hat etwas von sich selbst in uns und unsere

Körper hineingelegt. In 1. Mose 1,27 steht: „Gott schuf den Menschen als sein Ebenbild, als Mann und Frau schuf er sie." Darauf dürfen wir stolz sein und uns mitsamt unserem Körper schätzen, denn Gott tut es auch: „Er (Gott) segnete sie ... Dann betrachtete Gott alles, was er geschaffen hatte, und es war sehr gut!" (1. Mose 1,28.31)

Wir sind *sehr gut* gemacht, als ganzer Mensch, als Männer und Frauen, als Mädchen und Jungs, mit unserem Körper. Da gibt es nichts, wofür wir uns schämen müssten. Auch die Sexualität hat Gott erfunden. Sie ist ein wertvolles Geschenk. Frau und Mann dürfen aneinander und miteinander Freude haben, ihre Beziehung wird durch Sexualität bereichert und gestärkt, und nicht selten entsteht dabei neues Leben. Sexualität verbindet Frau und Mann miteinander und hat eine tiefe seelische und emotionale Komponente. Es bedeutet nicht nur, dass ein wenig Körperflüssigkeit ausgetauscht wird oder man Spaß miteinander hat. Wenn Frau und Mann miteinander schlafen, dann geht es um viel mehr:

„Ein Mann verlässt seine Eltern und verbindet sich so eng mit seiner Frau, dass die beiden eins sind mit Leib und Seele" (1. Mose 2, 24).

Hier wird die sexuelle Vereinigung zwischen Frau und Mann als etwas beschrieben, was

1. eine tiefgreifende seelische und körperliche Nähe zwischen den beiden zur Folge hat, und

2. *einen* Mann und *eine* Frau betrifft, die sich bereits füreinander entschieden und das auch durch eine öffentliche Handlung besiegelt haben.

Mit den Worten „ein Mann verlässt seine Eltern" wird der öffentliche Akt der Eheschließung beschrieben. Es wird auch klargestellt, dass die Gemeinschaft von Mann und Frau von nun an Vorrang hat vor den Bindungen an die Eltern.

Freunde und Bekannte feierten dieses Ereignis mit, und jeder wusste, dass dieser eine Mann und diese eine Frau von nun an zusammengehören. In der Hochzeitsnacht schliefen die beiden zum ersten Mal miteinander. Heute würde diese Handlung unserer standesamtlichen Trauung entsprechen. Mit ihr ist die Ehe gültig geschlossen. Die kirchliche Trauung, die es übrigens erst seit dem 16. Jahrhundert gibt, macht die Ehe nicht vollständig, sondern ist Ausdruck des Glaubens und der Bitte um Gottes Segen für den gemeinsamen Weg.

Auch Jesus stand vollkommen hinter dieser Praxis und Sichtweise von Sexualität zwischen Mann und Frau. In seiner Zeit war es vollkommen natürlich und selbstverständlich, dass ein Mann und eine Frau erst dann miteinander schliefen, wenn sie verheiratet waren. Natürlich gab es auch damals Ausnahmen – dass z. B. junge Leute schon vor ihrer Verheiratung Sex miteinander hatten oder sogar Beziehungen außerhalb ihrer Ehe unterhielten. Aber es war klar, dass Gott sich das anders gedacht hatte.

Dieses Bewusstsein reichte bis weit in unsere Zeit hinein. Die oftmals verachtete „bürgerliche Moral" ließ es ja bis zur sexuellen Revolution in den sechziger Jahren des 20. Jahrhunderts nach außen hin nicht zu, dass junge Frauen und Männer vor der Ehe zusammen wohnten oder sexuelle Beziehungen hatten. Dahinter stand das nach und nach immer mehr verblassende christliche Erbe, das aber oft schon nicht mehr richtig verstanden wurde: Gottes „Herzschlag" war nicht mehr darin zu spüren, und übrig geblieben war oftmals nur noch ein hohles Regelwerk, das niemand mehr verstand. Da fragte z. B. der Sohn seinen Vater: „Warum kann ich nicht mit meiner Freundin zusammen wohnen – wir lieben uns doch?" Und der Vater antwortete: „Weil man das nicht macht! Was sollen denn die Nachbarn denken? Hab du erstmal einen richtigen Beruf, mit dem du eine Familie ernähren kannst, und dann kannst du deine Freundin auch heiraten, und ihr könnt zusammenziehen."

Kein Wunder, dass die sexuelle Revolution in den Sechzigern wie ein Befreiungsschlag von aller Doppelmoral und allen hohl gewordenen Regeln erschien: Endlich konnte man die christlichen Werte, die als spießbürgerlich und unecht erlebt wurden, abstreifen und das ausleben, was man wollte. Das war wenigstens ehrlich.

Heute, ungefähr vierzig Jahre später, sind wir in einer ganz anderen Situation. Alles ist möglich, alles ist erlaubt. Und dennoch hat die Doppelmoral nicht aufgehört. Und die Menschen sind nicht glücklicher geworden, auch wenn sie ihre Sexualität freier ausleben können. Kaum einer weiß noch etwas über die christliche Sicht von Sexualität und Ehe. Was vor 40 Jahren zumindest nach außen hin noch als moralisch richtig und gut galt, wirkt jetzt wie ein Dinosaurier oder wie ein Relikt aus einer anderen Welt und Zeit.

„Wieso überhaupt Mann und Frau? Warum können sich nicht zwei Männer lieben und miteinander schlafen oder auch zwei Frauen?" „Was hat denn Sex mit Ehe zu tun?" „Was hat Liebe mit Sex zu tun?" – und immer mehr Fragen brechen auf.

Jetzt sind wir als Christen gefragt. Wir sind herausgefordert, nicht nur wieder bloß ein Regelwerk aufzustellen. Gott möchte, dass wir glücklich werden. Er möchte uns ein gutes und erfülltes Leben schenken. Dazu gehört, dass wir Beziehungen verantwortungsvoll gestalten. Das gilt gerade auch für die sexuelle Beziehung zwischen Frau und Mann, weil da ungemein viel auf dem Spiel steht. Je näher man sich kommt, desto schöner wird es, aber desto größer muss auch unsere Vorsicht mit dem anderen und unsere Sorge um ihn sein. Es ist leichter, eine Beziehung wieder aufzulösen, in der noch keine große körperliche Nähe erreicht wurde. Haben eine Frau und ein Mann, ein Mädchen und ein Junge erst einmal miteinander geschlafen, schmerzt es viel mehr, wenn die Beziehung wieder zerbricht. Denn man hat sich mit allem investiert. Und das sollte man nicht gering schätzen. Mit unserem Körper geben wir dem anderen auch einen großen Teil von dem hin, was uns ausmacht; auch die Emotionen und unsere ganze Person sind beteiligt.

Deshalb hat uns Gott um unserer selbst willen die Ehe geschenkt. Sie bildet einen sicheren Rahmen, in der sich die sexuelle, geistige und emotionale Beziehung zwischen Mann und Frau nach und nach immer mehr entfalten kann. Wir haben Zeit. Alle Zeit der Welt. Wir brauchen keine Angst zu haben, dass uns der andere morgen wieder verlässt, weil er etwas „Besseres" gefunden hat. Denn der andere hat sich mir verpflichtet. Und ich habe mich dem anderen verpflichtet.

Das ist auch der Sinn des Trauversprechens. Es ist eine gewaltige Zusage, die sich zwei Menschen geben, und wir können sie nur mit Gottes Hilfe halten; wenn wir dieses Versprechen jedoch einmal gegeben haben, dann entfaltet es eine ungeheure Kraft, die der Beziehung zwischen Mann und Frau, auch der sexuellen Beziehung, Freiraum und Schutz bietet.

Wie können nun zwei Teenager, die sich gern haben und in absehbarer Zeit nicht heiraten wollen und können, ihre Beziehung auch in sexueller Hinsicht gestalten?

„Wie weit dürfen wir gehen?" ist eine Frage, die von vielen Teens gestellt wird und die euch als Jugendmitarbeitern sicher begegnen wird. Sie ist nicht leicht zu beantworten, wenn man nicht wieder ein minutiöses Regelwerk aufstellen will. Dennoch können wir ihnen einige Tipps und Hinweise geben:

- Hebt euch das Miteinander-Schlafen für den Partner auf, dem ihr euch in der Ehe lebenslang verpflichtet (und da man als Teenager noch keine Ehe eingehen kann und will, ist es auf jeden Fall besser, diesen Bereich der Sexualität auszusparen).
- Küssen oder sich zärtlich berühren sollte nicht zum Mittelpunkt der Freundschaft werden; es ist nicht gut für eure Partnerschaft, wenn ihr zwar den Körper des anderen kennt, aber nichts über das wisst, was ihn beschäftigt oder ausmacht: über seine Wünsche, Träume, Meinungen, Ängste ...
- Die geistig-emotionale und die körperliche Annäherung sollten Hand in Hand gehen und in einem ausgeglichenen Verhältnis zueinander stehen.
- Wenn euch das schwer fällt, weil die Sehnsucht nach der körperlichen Nähe so (zu) groß geworden ist, dann versucht im Bereich Sexualität wieder etwas „zurückzuschrauben". Dabei kann es hilfreich sein, wenn ihr nicht immer nur zu zweit etwas unternehmt oder euch allein zuhause trefft. Lebt eure Freundschaft „inklusiv" und trefft euch wieder mehr mit euren gemeinsamen Freunden. Das kühlt euch etwas ab und zeigt euch, dass für eine gelingende Partnerschaft auch gute Kontakte zu Freunden wichtig sind.

- Ihr erspart euch viel Kopf- und Herzschmerz, wenn ihr euch mit jemandem befreundet, der ein überzeugter Christ ist und der versucht, auch in punkto Partnerschaft nach Gottes Maßstäben zu leben. Dass man dabei trotzdem mal zu weit gehen kann oder deshalb auch nicht gleich alles super läuft, ist klar. Dennoch haben zwei echte Christen mehr Chancen, ihre Beziehung nach Gottes Ideen zu gestalten, als mit einem Partner, der ganz andere Überzeugungen hat. Ich habe öfter Briefe von Teens bekommen, die darunter litten, dass ihr Partner kein Christ ist. Dann sind oft gerade im Bereich Sexualität große Konflikte aufgetreten. Manche glauben dann, sie könnten ihren Partner „bekehren", und wenn er oder sie dann erst einmal Christ sei, würde alles gut werden. Meiner Erfahrung nach ist das leider in den meisten Fällen eine Illusion. Deswegen würde ich von einer solchen Freundschaft ganz klar abraten.
- Sucht euch ein junges Paar in eurer Gemeinde, eurer Jugend- oder Junge-Erwachsenen-Arbeit, die schon länger zusammen, verlobt oder verheiratet sind. Fragt sie, ob sie bereit wären, euch etwas über sich zu erzählen – wie sie sich kennen gelernt haben, wie sie ihre Beziehung gestalten, wie sie mit ihrer Sexualität umgehen oder umgegangen sind, als sie noch nicht verheiratet waren. Es ist vielleicht nicht einfach, jemanden zu finden, der darüber reden will. Aber es ist wichtig, Vorbilder oder Mentoren zu haben, aus deren Stärken und Schwächen man lernen kann.

Selbstbefriedigung – in Ordnung oder Sünde oder was? Anche Rahn

Das Thema Selbstbefriedigung und alles, was damit zu tun hat, ist unserer Erfahrung nach für viele Jugendliche von großer Bedeutung. Gerade Teens, die im christlichen Kontext aufwachsen, haben oft viele Fragen, die sie aber nicht einfach so zu stellen trauen. Aus Briefen von Teens wissen wir, dass sie sich jedoch relativ viel damit beschäftigen. Offensichtlich verstärkt das an dieser Stelle bestehende Tabu, über dieses Thema offen zu sprechen, die Teens darin, sich überproportional viele Gedanken und auch Schuldgefühle zu machen. Diese Gedanken kreisen regelmäßig um die Fragen, ob Selbstbefriedigung oder die damit verbundenen erotischen Phantasien Sünde sind, ob sie zur Sucht werden kann und was die Bibel dazu sagt. Viele Teens sind irritiert über die eigenen Erfahrungen mit der Selbstbefriedigung und haben wenig innere Sicherheit, wie dies alles einzuordnen ist. Dadurch bekommt das Thema unter Umständen eine viel zu große Bedeutung und belastet den Jugendlichen. Das muss nicht sein.

Selbstbefriedigung und all die Gedanken, die darum kreisen, gehören zum Leben vieler, wenn auch nicht aller Jugendlicher. Das Teenage ist eine Zeit, in der viele Fragen zur Sexualität auftreten, und zwar aus dem einfachen und ganz natürlichen Grund, dass sich eben in dieser Phase die sexuelle Identität rasant entwickelt und einen großen Teil des Lebens prägt. Das ist nichts Ungewöhnliches, auch nichts Peinliches oder Schlechtes.

Dass sich Jugendliche mit dem Thema Selbstbefriedigung befassen und sie auch ausprobieren, ist völlig normal. Innerhalb der sexuellen Entwicklung eines Teens kann die Selbstbefriedigung zum einen dazu dienen, sich und seinen Körper besser kennen zu lernen. Zweitens gleicht Selbstbefriedigung oft die ungleichmäßige Entwicklung aus, die viele Jugendliche in ihrer körperlichen, emotionalen und sozialen Reifung erleben. Fast alle Teenager sind körperlich für den Sex viel früher reif als für eine verantwortungsvolle intime Bindung an einen Partner/eine Partnerin. Deswegen kann die Selbstbefriedigung ein natürliches Ventil darstellen, um mit den sexuellen Energien umzugehen, ohne eine sexuelle Beziehung zu einem anderen Menschen einzugehen.

Nun stellt sich für viele Christen und Christinnen die Frage, ob Selbstbefriedigung Sünde ist und was die Bibel dazu sagt. Die Bibel befasst sich nirgends direkt damit, dementsprechend gibt es auch kein ausdrückliches Verbot dazu. Was aber nicht heißt, dass man zur Selbstbefriedigung aus biblischer Sicht gar nichts sagen könnte. Gott hat sich den Menschen als geschlechtliches Wesen ausgedacht. Sexualität ist ein Geschenk Gottes an uns. Und wie so oft, ist es unsere Aufgabe, richtig mit diesem Geschenk umzugehen. Das heißt: im richtigen Maß, zur richtigen Zeit und auch mit Genuss, denn Gott möchte, dass wir uns an seinen Gaben freuen.

Durch Sexualität wird eine Beziehung etwas Besonderes, Einzigartiges. Sex ist eine Art Zwei-Komponenten-Kleber, der eben *zwei* verschiedene Teile miteinander verbindet. Die eigentliche Idee Gottes war es, dass Sex in eine Beziehung gehört. Sexualität soll auf den anderen ausgerichtet sein, auf das Du. Das ist das originale Ziel. Wenn nun auf diesem Weg zu einer Beziehung oder auch innerhalb einer Beziehung Selbstbefriedigung eine untergeordnete Form der Sexualität bleibt und nicht zwanghaft ist und trennend wirkt, dann, denke ich, ist sie nicht schlimm oder verwerflich.

Nun erleben manche Jugendliche die Selbstbefriedigung nicht als eine Möglichkeit, sich selbst und ihre Sexualität zu entdecken. Sie erleben vielmehr, dass sie sich zur Sucht entwickelt, die sie beherrscht. Eine Sucht ist dadurch gekennzeichnet, dass der Wunsch nach der „Droge“, in diesem Fall nach der Selbstbefriedigung, so mächtig wird, dass die Person die Kontrolle über sich und ihr Handeln verliert. Wenn das so ist, dann hat die Selbstbefriedigung einen Stellenwert und eine Macht, die sie nicht haben sollte. Um dem entgegenzuwirken, wäre es für manche Leute wichtig, sich nicht einem sexualisierenden Umfeld auszusetzen. Das heißt, es wäre sinnvoll, sich keine Filme anzuschauen, in denen viele Sexszenen vorkommen, oder auch bestimmte Zeitschriften zu meiden usw.

Das bedeutet aber nicht, dass man keine erotischen oder sexuellen Phantasien haben darf. Gott hat uns unsere Sexualität gegeben, und dazu können auch unsere Gedanken und sexuellen Vorstellungen gehören. Sie sind an sich nicht schlecht und sündig. Es gilt sie „in Zucht zu nehmen", um einen biblischen Begriff zu benutzen. Das heißt, sie nicht auszulöschen, ihnen aber keine Macht und keinen übermäßigen Raum zu geben.

Häufig ist es jedoch gerade bei christlichen Jugendlichen so, dass sie wegen der Selbstbefriedigung ständig ein schlechtes Gewissen haben, eben weil sie denken, dass dieses Verhalten Sünde ist. Dadurch besteht die Gefahr, dass sie sich selber verurteilen, sich immerzu mies fühlen und kaum Freiraum haben, dieses Thema und sich selber entspannt und locker zu betrachten. Schließlich dominiert das Thema Selbstbefriedigung ihr Denken und Fühlen völlig, weil sich alles um die Schuldgefühle und den krampfhaften Versuch dreht, damit aufzuhören. Wenn die Teens dann erneut die Erfahrung machen, dass sie scheitern, können diese ständig neuen vergeblichen Versuche eine tiefe Verzweiflung auslösen. Die aber nicht sein muss. Es ist wichtig für die Jugendlichen zu wissen, dass Gott ihre Bedürfnisse kennt, auch ihre sexuellen. Und deshalb müssen sie sich nicht schämen oder sich selber verurteilen. Sie müssen auch nicht verzweifelt dagegen ankämpfen. Gott fordert uns auf, verantwortlich mit uns und unserer Sexualität umzugehen. Verantwortlich heißt auch, die Sexualität, die Gott in jeden von uns hineingelegt hat, zu akzeptieren und sie nicht zu unterdrücken. Wenn wir versuchen, das Thema Sexualität aus dem Leben auszublenden, passiert es erfahrungsgemäß oft, dass gerade dann die größten Schwierigkeiten auftauchen.

Christliche Jugendliche, die wegen der Selbstbefriedigung Schuldgefühle entwickeln, neigen gelegentlich dazu, Gott immer wieder um Vergebung und um Befreiung zu bitten, verbunden mit dem Versprechen sich zu ändern. Für diese Teens ist vor allem ein anderer Blick auf sich selbst und auf Gott wichtig. Man sollte sie in der Seelsorge ermutigen, Gott einfach einmal zu sagen, warum sie sich selbst befriedigen, wonach sie sich sehnen und was sie sich wünschen. Und sie sollten ihn bitten, diese Sehnsucht zu stillen, auch im Bereich der Sexualität. Eine solche Form des Gebetes führt nicht automatisch dazu, dass sich jemand nicht mehr selbst befriedigt. Aber sie kann die Beziehung zu Gott verändern und helfen, die eigene Sexualität zu akzeptieren. Es ist gut, wenn der Teen begreift, dass Gott über *alle* Dinge seines Lebens mit ihm ins Gespräch kommen will und von *allen* seinen Bedürfnissen hören möchte. Denn er ist derjenige, der sie tatsächlich befriedigen kann.

Wer bin ich? Und was bin ich wert?

Anche Rahn

Für viele Jugendliche ist die Frage nach dem Wert ihrer Person von existenzieller Bedeutung. In der Zeit der Pubertät verändert sich extrem viel und wird nicht gleich durch etwas Neues, Reiferes ersetzt. Wer länger mit Teenagern zusammen ist, kennt die

Schwankungen zwischen dem Kind-Sein und dem Erwachsen-sein-Wollen. Mir kommt es manchmal so vor, als ob ein Teen wie eine Schlange ist, die sich häutet. Der Körper wächst und die alte Haut beginnt abzusterben, fällt aber nicht gleich ab. Die neue Haut, die sich bildet, ist viel zu dünn, um genügend Schutz zu bieten, man steckt zwischen beiden fest. Da passt vieles nicht mehr gut zusammen und verursacht Reibung. Abgesehen davon, dass dieser Zustand für Außenstehende, zum Beispiel für die MitarbeiterInnen in der Jugendarbeit, anstrengend sein kann, ist es für den Teen auch nicht leicht, seine neue eigene Identität zu finden.

Während dieser Zeit ist es wichtig, dass der Heranwachsende Menschen hat, die ihn bestätigen und motivieren. Leider nehmen viele Eltern diese wichtige Aufgabe nicht wahr. Der Grund hierfür liegt meines Erachtens darin, dass sie sich nicht bewusst sind oder vergessen haben, wie innerlich unruhig und anstrengend die Zeit des Erwachsenwerdens ist; und weil viele Jugendliche auch schon als Kinder sich selbst überlassen wurden und viel zu früh zu viel Verantwortung für sich selber übernehmen mussten. Was ein Teen aber neben Freiheit und Vertrauen vor allem braucht, ist Begleitung, Orientierung und Anerkennung.

Teenager versuchen, ihre Position im sozialen Gefüge der Gleichaltrigen dadurch zu sichern, dass sie bestimmte Dinge haben oder tun. Auf vielen lastet der Druck, angesagte Markenklamotten tragen zu müssen, die „richtige" Sprache zu sprechen, besonders cool oder sportlich zu sein, genug Geld zu haben oder in der Schule besonders gute oder manchmal auch besonders schlechte Leistungen zu bringen. Sie wollen „in" sein, sie wollen dazu gehören und nicht am Rand stehen. Sie wollen Beachtung finden und nicht ausgegrenzt werden.

Viele, vor allem Mädchen, leiden unter dem Druck, dem gerade herrschenden Schönheits- oder Schlankheitsideal nicht zu entsprechen. Sie versuchen sich anzupassen und merken aber oft, dass das nicht funktioniert oder ihre innere Leere nicht füllt.

Was können wir tun? Den Gruppenzwang können wir zumindest im Großen und Ganzen nicht verändern. Aber wir können den Einzelnen dabei unterstützen, sich selber zu entdecken und den eigenen Wert zu sehen. Entscheidend dabei ist, den Teen so zu akzeptieren, wie er oder sie ist. Vorbehaltlose Annahme und Respekt zu erleben, kann auf dem Weg zur Selbstfindung und -achtung eine zentrale Erfahrung für den Jugendlichen sein: Er darf mit all seinen Macken und Schwächen, mit seinen Höhen und Tiefen einfach so sein, wie er ist.

Identität kann sich nur in der Begegnung mit einem Gegenüber bilden. Dabei kommt es natürlich auch darauf an, wer dieses Gegenüber ist. Wenn es sich vor allem um ein forderndes Gegenüber handelt, zum Beispiel Lehrer, Eltern oder auch die Leistungsgesellschaft, kann beim Jugendlichen schnell das Gefühl entstehen, nicht zu genügen. Überhaupt ist dieses Gefühl, ungenügend zu sein, bei vielen Teens sehr ausgeprägt. Dadurch entsteht dann gelegentlich ein vollkommen verschobenes Selbstbild. Gerade die Teens, die wir von außen als begabt, talentiert und smart betrachten, erleben sich oft als ungenügend. Offensichtlich reicht es nicht, ihnen unseren Eindruck mitzuteilen. Sie benötigen Zeit, um sich selber zu entdecken und zu entfalten.

Wenn Teens an diesem Punkt sind, kann man ihnen eine kleine Übung anbieten, die ihre Selbstwahrnehmung fördert. Ich schlage ihnen dann vor, sich ein Blatt Papier zu nehmen und darauf zwei Spalten zu machen. In die eine Spalte sollen sie all das schreiben, was ihnen an sich selbst gut gefällt, und in die andere Spalte, was ihnen nicht gut gefällt. Ich ermutige sie, dabei ganz ehrlich zu sein, vor allem auch bei den positiven Aspekten. Einige allgemeine Beispiele können das Nachdenken in Gang zu bringen. Man könnte z. B. fragen, wo bestimmte Gaben des Teens liegen. Vielleicht kann er oder sie gut zuhören, gut singen, vielleicht hat er oder sie ein empfindsames Herz für Leute um sich herum …? Gerade die Dinge, die eher unscheinbar sind, sollte sich der Teen bewusst machen.

Und dann gibt es da noch die Eigenschaften, die nicht so toll sind. Auch hier ist Ehrlichkeit wichtig und auch das subjektive Empfinden des Teens. Das heißt, er soll schreiben, wie er sich selber einschätzt, und nicht die Meinung anderer wiedergeben. Das ist nämlich ein großer Unterschied. Wenn diese Liste fertig ist, geht es nicht darum, die einzelnen Punkte zu analysieren oder zu relativieren. Es geht vielmehr um die Selbstannahme – um die Annahme der eigenen Stärken und Schwächen. Mit all dem, was auf dem Blatt Papier steht (und dem, was nicht darauf steht).

Genauso nimmt uns Gott an. Mit allen Stärken und Schwächen, allen Gaben und den Unfähigkeiten. Gott ist das Gegenüber, das uns auf einmalige Art und Weise hilft, wir selbst zu werden. Weil er derjenige ist, der uns mit absoluter Akzeptanz und Achtung begegnet. In Zefanja 3,17 wird diese Haltung Gottes folgendermaßen zum Ausdruck gebracht: „Der Herr dein Gott ist bei dir (…) Er wird sich über dich freuen und dir freundlich sein, er schweigt in seiner Liebe und frohlockt über dich mit Jubel." Für mich heißt das, dass es Gott die Sprache verschlägt, wenn er an uns denkt. Er begegnet uns und den Teens ohne Forderungen und nimmt uns an, wie wir sind. Das ist Gottes Umgang mit uns, und es ist gut, wenn wir versuchen, ihm darin zu folgen. Was nicht heißt, dass wir alles an uns toll finden müssen. Das können wir auch den Teenagern sagen. Es geht darum, dass wir im Ganzen von Gott angenommen sind, manche Einzelheiten mögen sein, wie sie wollen. Es geht darum, dass wir wertvoll sind, weil wir wir sind. Erst auf dieser Grundlage ist es möglich, dass sich Dinge verändern.

„Keiner mag mich!" – Außenseiter in der Schule Steffi Baltes

Oft habe ich von Teenagern gehört, dass sie sich in ihrer Klasse oder Schule nicht wohl fühlen. Sie empfinden sich als Außenseiter. Und nicht selten wird ihnen das tatsächlich auch so von Mitschülern signalisiert. Das kann verschiedene Gründe haben.

Vielleicht tragen sie nicht die richtigen Markenklamotten und Accessoires, die man als Teen heute haben „muss", um akzeptiert zu sein. (Ihre Eltern verdienen möglicherweise nicht genug Geld oder leben einfach einen anderen, alternativen Stil.) Oder sie sind eher der stille, zurückhaltende Typ und können sich nicht so richtig gegen die große Klappe der Meinungsmacher in der Klasse behaupten. Vielleicht sind sie auch einfach in ihren schulischen Leistungen erheblich besser als der Durchschnitt und werden deshalb als „Streber" abgestempelt. Oder sie fallen dadurch auf, dass sie in der großen Pause zum Gebetskreis in der Schule gehen und auch sonst ihren Glauben nicht verheimlichen.

Vielleicht sind sie aber auch einfach nur sehr unsicher, in ihrer Identität und ihrem Selbstwert nicht gefestigt und fühlen sich ständig von allen abgelehnt und „verfolgt". Außenseiter-Sein in der Schule kann viele Ursachen haben. Und natürlich sind nicht immer nur „die anderen" Schuld.

Für heutige Teenager, die oft aus zerrütteten Familienverhältnissen kommen, ist es wichtiger denn je, irgendwo dazuzugehören. Viele Teens haben ihre Peergroup zu ihrem eigentlichen Zuhause gemacht, in dem sie Halt, Anerkennung und Selbstachtung finden. Weil die Teens zuhause nicht mehr genug in ihrem Selbstwert und ihrer Persönlichkeit gestärkt und gefördert werden, fühlen sie sich oft abhängig von der Anerkennung ihrer Klassenkameraden.

Teenager von heute erinnern mich nicht selten an ein Blatt, das vom Wind hierhin und dorthin geweht wird. Es passt sich jedem Lufthauch an und hat keine Verbindung mehr zum Baum, der es stabilisieren und nähren könnte. Umso katastrophaler wirkt es dann auf manche Teens, wenn sie sich nicht einmal der Achtung und Unterstützung ihrer Peergroup sicher sein können.

Was kann man nun einem Teen sagen, der sich als Außenseiter erlebt? Als Erstes sollte man im Gespräch herausfinden, welche Ereignisse oder Situationen dieses Gefühl beim Teenager hervorgerufen haben. Lass ihn einfach erzählen, warum er meint, dass die anderen ihn als Außenseiter sehen und wie sich das im Verhalten seiner Klassenkameraden ausdrückt. Wenn ein Teenager hauptsächlich deswegen als Außenseiter gilt, weil er nicht das neueste Handy oder die angesagtesten Klamotten besitzt, weil er sehr gut in der Schule ist oder bewusst seinen Glauben lebt, dann solltest du versuchen, ihn zu ermutigen.

Wenn er authentisch bzw. „echt" ist, sich also nicht versteckt mit seiner Persönlichkeit und seinen Ansichten, wenn er sich den anderen gegenüber selbstbewusst, offen und freundschaftlich verhält – dann, da bin ich mir sicher, wird er Freunde finden, einfach weil er so ist, wie er ist. In diesem Fall spielt es nicht mehr so eine große Rolle, ob er im richtigen Shop einkauft, wie seine Noten aussehen oder welche religiösen Überzeugungen er hat. Im Gegenteil, er wird gerade deswegen Freunde finden, weil er nicht so angepasst wirkt wie viele andere, weil er eigene Überzeugungen hat und eine markante Persönlichkeit ist.

Selbstbewusstsein, Offenheit, Freundlichkeit und Ehrlichkeit – das sind Eigenschaften, die jeden Teenager anziehend machen. Jemand, der etwas von diesen Eigenschaften verkörpert, wird immer Freunde finden – selbst wenn (oder vielleicht gerade weil) er nicht einfach alles mitmacht, was die anderen tun. Individualität ist gefragt.

Ermutige den Teenager, nicht allen gefallen zu wollen. Das geht gar nicht. Und vielleicht muss er auch seinen Traum aufgeben, zum „innersten Kreis" bzw. zur coolsten Clique in seiner Schule gehören zu wollen. Denn wenn er sich erst verbiegen muss, um da hineinzupassen, und er nicht mehr er selbst sein darf, dann ist es das nicht wert. Dafür findet er aber sicher eine andere Gruppe, der er sich anschließen kann.

Viele Teenager neigen eher dazu, sich anzupassen – koste es, was es wolle. Ermutige den Teen zu seiner Individualität und dazu, zu sich selbst zu stehen!

Es gibt aber auch Teens, die um jeden Preis „anders" sein wollen als die anderen und sich dadurch selbst zum Außenseiter machen. Manchmal findet man das bei Teens aus christlichen Elternhäusern oder Gemeinden. Dort wird stark betont, wie wichtig es sei, sich anders als die Nichtchristen zu verhalten. Man kultiviert auch ein gewisses „Märtyrer-Gefühl". Was kannst du einem Teenager sagen, der diesen Hintergrund hat?

Es ist möglich, dem christlichen Glauben treu zu bleiben und Jesus lieb zu haben und dennoch (oder gerade deswegen) „in der Welt" zu leben. Man darf sich als christlicher Teenager z. B. schick und trendy anziehen (das ist zum Glück auch schon mit wenig Geld möglich, wenn es keine Markenklamotten sein müssen) und „etwas aus sich machen" – es sollte nur nicht zum Lebensinhalt werden und auf der Prioritätenliste nicht ganz oben stehen.

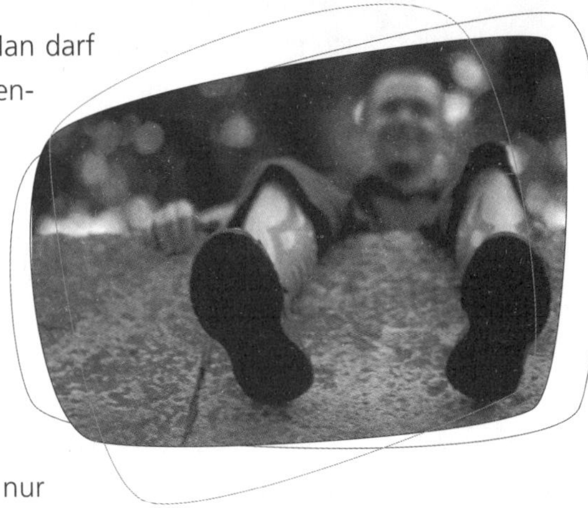

Man darf als christlicher Teenager auch ruhig „up to date" sein, was z. B. die aktuelle Musikszene oder Kinofilme oder Soaps im Fernsehen betrifft. Die Frage ist dabei jedoch, wie viel Energie, Zeit und Geld man in diese Sachen investiert und ob man sich z. B. manche Filme lieber nicht anschaut, weil sie nicht gut tun.

Der Glaube muss einen Teenager keineswegs zum Außenseiter machen. Der Jugendliche darf in seiner Welt und in der aktuellen Teenager-Kultur leben, aber durch seine Liebe zu Jesus kann und wird er andere Prioritäten setzen und manches nicht mitmachen. Wenn er seinen Glauben selbstbewusst und überzeugend inmitten der anderen Teens lebt, dann ist das ein weitaus besseres Zeugnis für Gottes Größe, Weite und Liebe, als sich aus allem, was „gefährlich" werden könnte, herauszuhalten.

Jesus selbst hat mitten in seiner Kultur gelebt und die Menschen in seiner Umgebung wertgeschätzt und geliebt, auch wenn sie nicht nach Gott fragten. Und dennoch war er im positiven Sinn „anders" und hat nicht alles mitgemacht, was zu seiner Zeit „Trend" war. Gerade dadurch sind sein Glaube, seine Beziehung zu Gott und letztlich auch er selbst so anziehend für viele Menschen geworden. Die meisten Leute waren gern in seiner Nähe, weil sie die Liebe Gottes bei ihm gespürt haben und seine positive und zugewandte Art mochten.

Ich denke, dass es auch einem gläubigen Teenager so gehen kann, der sein Christsein selbstverständlich, unaufdringlich und authentisch lebt. Sicherlich wird es immer Leute geben, die ihn nicht mögen, aber das lässt sich nicht vermeiden.

Was kannst du einem Teenager raten, der zum Außenseiter wird, weil er sich in der Klassengemeinschaft unsicher verhält, in seinem Selbstwert nicht gefestigt ist und sich von allen abgelehnt fühlt?

Ein gutes Selbstwertgefühl kann der Teenager natürlich nicht von heute auf morgen aus dem Boden stampfen, das ist klar. Es erfordert oft jahrelange „Aufbauarbeit" mit Gottes Hilfe und Unterstützung von Eltern, Freunden und Seelsorgern. Doch auch wenn seine Sicht auf sich selber negativ ist, wenn er sich nicht geliebt, nicht wertvoll und abgelehnt fühlt und als „Loser" empfindet, kann der Teenager versuchen, ein anderes Verhalten einzuüben. Mit der Zeit zieht ein verändertes, positives und offenes Verhalten auch eine Wandlung der (negativen) Gefühle nach sich. Neues Verhalten kann zum Beispiel bedeuten, dass der Teen bewusst „trainiert", auf Klassenkameraden zuzugehen und Kontakte zu suchen. Oder dass er sich darin übt, offen und freundlich zu wirken. Das bezieht Gesichtsausdruck, Körperhaltung und Wortwahl mit ein. Eine andere Übung könnte auch sein, dass der Teenager sich nicht von gemeinsamen Unternehmungen der Klassengemeinschaft zurückzieht, sondern daran teilnimmt oder sogar versucht, sie aktiv mitzugestalten (z. B. durch Mitorganisieren einer Party während der Klassenfahrt).

Auch die Gedanken spielen eine wichtige Rolle. Oft findet nämlich der größere Teil des „Kampfes" in der Gedankenwelt des

Teenagers statt und gar nicht unbedingt konkret mit den anderen Jugendlichen. Je mehr der Teenager darüber nachdenkt, wie doof ihn die anderen finden, desto befangener wird er im Umgang mit den Klassenkameraden sein. Mehr dazu findest du im nächsten Abschnitt.

Wichtig ist natürlich, dass der Teenager Gelegenheit hat, z. B. im Jugendkreis oder an anderen Orten in der Gemeinde von Gottes Liebe und Wertschätzung zu hören und sie auch zu erfahren – durch die positive Gemeinschaft mit anderen Teens aus der Gemeinde, durch gemeinsame Unternehmungen oder einfach durch deine Annahme. Das wird dem Teenager helfen, sich auch im Bereich der Schule immer weniger wie ein Außenseiter zu fühlen und zu verhalten, Sicherheit und Selbstbewusstsein zu gewinnen.

Negative Gedanken – wie kann man sie stoppen? Steffi Baltes

Gedanken haben große Kraft. Gute Gedanken beeinflussen uns positiv und können Antrieb für unser Leben sein, während dunkle oder negative Gedanken uns das Leben schwer machen. Das ist bei jedem so, egal ob Erwachsener oder Teenager. Aber gerade Teens leiden oft unter negativen Gedanken.

An dieser Stelle möchte ich mich auf den Umgang mit den Gedanken beschränken, die das Selbstwertgefühl des Teenagers, seine Wahrnehmung anderer und sein Verhalten anderen gegenüber beeinflussen. Vielleicht habt ihr das oder etwas Ähnliches schon einmal von einem Teenager gehört: „Ich denk' oft, niemand kann mich leiden. Ich seh' nicht gut aus, und ich bin nicht so cool wie die anderen. Ich bin eben ein echter Loser, da kann man nix machen." Oder: „Das hat die dumme Kuh doch nur gemacht, um mich zu ärgern. Die ist bloß neidisch, weil sie keinen Typen abkriegt."

Solche Gedanken entstehen einerseits, weil der Teen ein verbogenes Bild von sich selbst und anderen mitbringt. Doch auf der anderen Seite bewirken sie auch gerade erst, dass das eigene Selbstwertgefühl immer weiter „den Bach runtergeht" und die Wahrnehmung der anderen immer mehr getrübt wird. Je mehr der Teenager diesen negativen Sätzen in sich Raum gibt, desto mehr entfalten sie ihre unheilvolle und zerstörerische Kraft.

Immer wieder negative Gedanken über sich und andere zu haben, beeinflusst nicht nur uns selbst, sondern auch unsere Freundschaften und Beziehungen. Der Teen wird befangen im Umgang mit anderen, weil er sich ständig mit ihnen vergleicht und sich in Gedanken selbst mies macht. Oder er wird bewusst oder unbewusst bitter und wütend über Schulkameraden und Freunde, weil er sich in Gedanken ausmalt, was sie wohl hinter seinem Rücken Schlechtes über ihn reden könnten.

Manchmal können solche Gedanken wie eine Spirale sein, die den Teen immer weiter nach unten ziehen. Aus eigener Kraft und ohne Impulse und Ermutigung von außen kommt der Teenager da nicht mehr so leicht heraus.

Wie kannst du einem Teenager hilfreiche Impulse geben, der in seinen negativen Gedanken gefangen ist? Hier ist es wichtig zu wissen, was Jesus über Gedanken sagt. Er hat davon gesprochen, welche Macht negatives Denken im Leben eines Menschen entfalten kann. Es sind ziemlich drastische Worte, die ihr dem Teen natürlich nicht einfach auf den Kopf zusagen solltet. Denn Jesus beschreibt hier erst einmal nur eine Realität, in der wir alle stehen, und gibt noch keine Tipps, wie wir mit diesem Problem umgehen können.

„Nicht, was ein Mensch isst, macht ihn unrein, sondern das, was er denkt und redet oder wie er handelt; das kann ihn von Gott trennen (...) Was aus dem Inneren des Menschen kommt, seine Gedanken, Worte und Taten, die lassen ihn unrein werden. Denn aus dem Inneren, aus dem Herzen der Menschen, kommen all die bösen Gedanken wie: Unzucht, Diebstahl, Mord, Ehebruch, Habgier, Bosheit, Betrug, Begehrlichkeit, Neid, Verleumdung, Überheblichkeit und Leichtsinn. Dies kommt von innen heraus, und das ist es auch, was die Menschen von Gott trennt" (Markus 7,15.20; Hoffnung für alle).

Hier kommt, wie ich finde, sehr krass zum Ausdruck, dass uns negative Gedanken, denen man sich überlässt, von Gott entfernen. Sie verdunkeln das eigene Selbstbild, das Bild vom anderen und letztlich auch das Bild, das ich von Gott habe. Und schließlich können negative Gedanken auch in negativen Worten und sogar negativen Taten münden. Fast jede negative Tat hat mit negativen Gedanken angefangen. Das sage ich nicht, damit der Teenager sich auch ordentlich schlecht fühlen soll. Nein! Es ist aber gut, sich die Realität vor Augen zu führen: Jeder, der sich immer wieder negativen Gedanken überlässt, entfernt sich von Gott und von Gottes guten Gedanken über uns selbst und andere. Und er entfremdet sich letztlich auch von sich selbst und seinen sozialen Kontakten.

Was kann einem Teenager helfen, aus der Spirale der Gedanken herauszukommen, die ihn nach unten zieht?

Hilfreiche Übungen, die schon die Mönchsväter der alten Kirche im Umgang mit negativen Gedanken entwickelt haben, können sein:

- Wenn mir ein negativer Gedanke oder Satz in den Sinn kommt, setze ich sofort einen positiven dagegen. Wenn ich z. B. denke: „Ich bin nichts wert", kann ich aktiv ein Versprechen Gottes dagegensetzen: „Du bist in meinen Augen wertgeachtet, und ich habe dich lieb" (nach Jesaja 43,4) oder ein kurzes Gebet aus einem Psalm sprechen „Ich danke dir dafür, dass ich wunderbar gemacht bin" (Psalm 139,14).
- Wenn ich schlecht über andere denke, versuche ich aktiv, diese Gedanken zu stoppen und den Menschen stattdessen mit einem kurzen Gebet zu segnen, z. B.: „Herr, du weißt, dass mich XY total nervt – aber ich segne ihn in deinem Namen und bitte dich, dass du ihm Gutes tust".
- Ich überlege mir ein positives Leitwort für den Tag, z. B. aus der Bibel. Das vergegenwärtige ich mir, wann immer ich versucht bin, mich negativen Gedanken hinzugeben. Manchmal hilft es auch, sich das Leitwort aufzuschreiben und es dort zu platzieren, wo man es den ganzen Tag sehen kann (z. B. ein Zettel am Spiegel im Badezimmer, als Bildschirmschoner im Computer oder als Message im Handy). Wie wär's z. B. mit: „Du zeigst mir den Weg, der zum Leben führt. Du beschenkst mich mit Freude, denn du bist bei mir" (Psalm 16, 11)?

Positive Gedanken kann man einüben. Aber das dauert eine Weile. Das ist wie im Fitness-Studio. Nur wenn man regelmäßig trainiert, entsteht ein gutes Körpergefühl, wird Muskulatur aufgebaut. Ermutige den Teenager zur Geduld und begleitet ihn auf diesem Weg, in dem du ihm die obenstehenden Tipps gibst und dich immer wieder mal erkundigst, wie es ihm gerade mit seinem „Übungsprogramm" geht.

Der oben beschriebene Weg ist natürlich erst einmal eine „Symptombehandlung" – aber eine wichtige. Hinter verschiedenen Arten von negativen Gedanken liegen oftmals vielfältige Probleme des Teens, die möglicherweise das Thema von so manchem Gespräch zwischen dir und ihm sein können. Diese Übungen sind jedoch auf jeden Fall hilfreich dabei, nach und nach die Kraft der negativen Gedanken abzuschwächen. Indem der Teen beginnt, aktiv neue Gedanken einzuüben (auch wenn er zuerst nicht von ihrer Gültigkeit und Wahrheit überzeugt ist), werden sich nach und nach auch neue Gefühle einstellen, und auch die Wahrnehmung von sich selbst und anderen verändert sich.

Wenn der Kinderglaube nicht mehr passt

Steffi Baltes

Gerade in der Phase des Erwachsenwerdens gehen viele Jugendliche, die bisher aktiv in ihrer Gemeinde, im Jugendkreis oder Kindergottesdienst engagiert waren, durch eine Glaubenskrise. Das ist eine normale und sogar wichtige Zeit, um zu einer eigenen Identität als junger Christ zu kommen. Teenager und junge Erwachsene fragen sich in dieser Zeit unwillkürlich: „Wer bin ich? Was macht mich aus?", und wenn sie aus einem christlichen Elternhaus kommen: „Was glauben meine Eltern? Will ich das auch glauben?"

Teenager sträuben sich nun plötzlich dagegen, einfach etwas zu glauben, was andere ihnen „vorgekaut" haben. Selbst wenn sie Eltern haben, die ihnen ein aktives, positives Christsein vorleben und ihnen nicht die eigenen Überzeugungen überstülpen, wollen sie sich vom „Elternglauben" emanzipieren. Ganz einfach deshalb, weil das zur Entwicklung dazugehört und Heranwachsende sich auch in anderen Bereichen abnabeln und selbstständig werden.

In dieser Phase können Teenager verwirrt und unsicher sein. Vielleicht erleben sie diese Zeit als beängstigend, weil Selbstverständlichkeiten – z. B. dass es einen Gott gibt und er sich für den Einzelnen interessiert – plötzlich ins Wanken geraten oder sich in Luft auflösen. Nichts ist mehr so klar und einfach, wie es war, als sie noch Kinder waren.

Um zu einem reiferen Glauben und zu einer persönlichen Beziehung zu Gott durchdringen zu können, braucht der Teenager dringend Unterstützung von außerhalb. Da die Eltern als Glaubensvorbilder ausscheiden, benötigt der Teen andere, neue Vorbilder, die zeigen, wie ein positives, engagiertes Christsein aussehen kann. Hier seid ihr als Jugendmitarbeiter gefragt, euren Glauben transparent, aber unaufdringlich vorzuleben.

Und natürlich ist es für Teens auch wichtig, Gleichaltrige zu haben, mit denen sie sich über Fragen und Zweifel in Bezug auf das Christsein austauschen können. Teenager sind in dieser Phase herausgefordert, den Glauben neu zu überdenken, zu formulieren und zu finden. Deshalb sind Jugend- bzw. Teenkreise notwendig, in denen beides geschieht: einerseits die *geistige* Auseinandersetzung mit dem Christsein durch Diskussionen über Glaubensfragen, den Vergleich mit anderen Religionen, gemeinsames Bibellesen oder durch einen Glaubenskurs. Und andererseits ist es notwendig, den Teens geistlichen Input zu geben, wie gemeinsame Anbetungszeiten, die von den Teenagern selbst gestaltet werden, Gebetsnächte, Gebetsspaziergänge durch das eigene Dorf oder die Heimatstadt und auch soziale bzw. evangelistische Aktionen, mit denen sich die Teens ihrer Umgebung zeigen.

Durch solche und ähnliche Aktivitäten können die Teens zusammen mit anderen ihren Glauben leben und Erfahrungen mit Gott machen. So kann eine tragfähige und ganz persönliche Freundschaft mit Gott aufgebaut werden. Ihre Fragen werden vielleicht nie alle zu ihrer Zufriedenheit beantwortet werden, aber die Zweifel an Gott geraten eher in den Hintergrund, je mehr Erfahrungen der Teenager auf seinem Weg mit Gott macht. Dazu kann z. B. beitragen, wenn der Teenager einen Freund oder eine Freundin zu einem Jugend-Alphakurs einlädt und miterlebt, wie dieser oder diese zum Glauben findet.

Oder es kann sein, dass der Teenager im Rahmen einer Teenkreis-Aktion einen Infostand der Gemeinde in der Fußgängerzone betreut und erfährt, wie viele Bürger ganz positiv auf jungen Christen und ihre Anliegen reagieren. Es kann auch sein, dass der Teenager während einer gemeinsamen Anbetungszeit erlebt, dass Gott ihm spürbar nahe kommt, und wie Gottes Geist ihn berührt.

Gott hat viele Wege, um zu Teens zu reden und sie zu (be-)rufen, wie er es schon mit dem jungen Samuel getan hat. Ihr als Mitarbeiter im Jugendbereich dürft „Geburtshelfer" dabei sein, wenn der Teen in eine individuelle Beziehung mit Gott hineinwächst. Eure Haltung dem Teenager gegenüber spielt dabei eine wichtige Rolle. Traut ihm etwas zu, denn Gott tut es auch. Übertragt ihm nach und nach Verantwortung, z. B. dafür, eine Bibelarbeit vorzubereiten, eine Anbetungszeit zu gestalten,

eine evangelistische oder soziale Aktion zu planen, einen gemeinsamen Ausflug zu organisieren etc. Begleitet ihn dabei, indem ihr für ihn da seid, wenn er euch braucht, für Fragen zur Verfügung steht und hilfreiche Tipps gebt.

Dabei habt ihr kein geringeres Vorbild als Gott selbst. Denn Gott hat zu allen Zeiten junge Menschen geschätzt, ihnen Großes zugetraut und mit ihnen sein Reich gebaut. Er hat in David schon den König gesehen, als er noch jung war. Er hat Gideon berufen, sein Volk zu befreien, als er noch jung war. Er hat Jeremia zum Predigen berufen, obwohl der sagte „Ich bin zu jung".

Wenn der Jugendliche merkt, dass er von euch und vor allem auch von Gott ernstgenommen wird, dann kann das eine große Ermutigung sein, auf seinem Weg, ein junger Mann/eine junge Frau nach dem Herzen Gottes zu werden.

Teens und ihre Eltern ... Anche Rahn

Nicht nur viele Eltern ernten mitleidige Blicke, wenn sie berichten, dass sie Kinder im Teenage haben, auch Jugendliche sprechen davon, dass ihre Eltern gerade in einem schwierigen Alter sind. Warum ist das so? Muss es zwangsläufig zuhause krachen, wenn Söhne und Töchter in die Pubertät kommen?

Auseinandersetzungen mit den Eltern sind wichtig für die Ich-Entwicklung eines Teens. Grenzen zwischen Eltern und Kindern müssen gezogen werden, damit es zur Ablösung und Individuation des Jugendlichen kommen kann. Verfolgt man die Entwicklung eines Kindes vom Säuglings- bis zum Jugendalter, kann man sehen, dass der Bewegungsradius und die Autonomiebestrebungen immer größer werden. Ein kleines Kind ist abhängig von den Eltern und auf sie angewiesen. Je älter es wird, desto geringer wird diese Abhängigkeit, und irgendwann sollte das Kind, das zum jungen

Erwachsenen geworden ist, eigenständig sein. Dieser Prozess kann nicht ohne Konflikte vonstatten gehen. Denn je älter der Jugendliche wird, desto öfter begegnen sich zwei Personen auf Augenhöhe. Für Eltern bedeutet das: Ihr Sohn, ihre Tochter entwickelt eigene Vorstellungen vom Leben, bildet sich eine eigene Meinung und wirft Familientraditionen oder -konventionen über den Haufen. Er oder sie stellt die Eltern in Frage, kritisiert und sucht neue Wege, zu denken, zu handeln oder auch zu glauben. Für Eltern kann diese Situation sehr schmerzhaft sein, vor allem wenn sie eher zu einem dominanten oder auch autoritären Erziehungsstil neigen. Oder auch wenn sie zu harmoniebedürftig sind. Dass sich ihr Kind auf einmal von zuhause distanziert, können sie nicht nachvollziehen.

Manchmal erscheint diese Abnabelung auch deswegen so konfliktreich, weil in vielen Familien viel zu wenig miteinander geredet wird. Denn nicht erst ein Teenager hat Fragen zum Leben der Eltern. Auch Grundschulkinder oder sogar noch jüngere Kinder finden nicht alles toll, was die Eltern tun. Aber vielfach lassen Eltern es nicht zu, dass ihre Kinder ihnen Kritisches sagen. Wenn kleine Kinder zum Beispiel ihren Eltern mitteilen, dass sie sie bescheuert oder doof finden, geht nicht gleich die Welt unter. Sie testen vielmehr Grenzen aus und wollen wissen, wie die Eltern reagieren: ob sie ihre Kinder hören und ernst nehmen oder einfach nur autoritär Respekt einfordern. Ein Kind, das von Anfang an seine eigene Meinung kundtun darf und Eltern hat, die darauf nicht mit Abwehr oder womöglich mit Strafe reagieren, wird auch im Teenage klarer und selbstverständlicher eigene Positionen vertreten können. Und wenn dann die Eltern ihrem heranwachsenden Sohn oder ihrer Tochter gelassen und mit Akzeptanz begegnen, gibt es wesentlich weniger Zündstoff für Konflikte. Das heißt nicht, dass es keine Reibung geben wird. Die Frage ist nur, ob diese Reibung zum dauerhaften Konflikt und zur Entfremdung führt oder ob am Ende

Eltern und Teen als souveräne und reifere Persönlichkeiten daraus hervorgehen. Das bedeutet: Wir respektieren einander, auch wenn wir unterschiedliche Meinungen haben.

Wie können Teens nun in der Seelsorge unterstützt werden, wenn es gehäuft Probleme mit den Eltern gibt? Der erste Schritt besteht darin, gemeinsam mit dem Jugendlichen danach zu fragen, wodurch die Konflikte vorrangig verursacht werden. Sind die Eltern zu dominant, lassen sie keine abweichende Meinung gelten? Oder ist ihnen ihr Sohn, ihre Tochter im Grunde genommen egal, provozieren sie dadurch Konfrontation und Stress mit dem Jugendlichen? Oder wollen sie einfach nur ihre Ruhe und einen angepassten Teen im Haus, der möglichst nicht auffällt? Oder ist der Teen vielleicht

sehr heftig in seinen Aktionen und Reaktionen und hat wenig bis gar kein Verständnis für seine Eltern?

Je nach Antwort wird die Beratung und Unterstützung für den Teen anders aussehen. Klar ist auch, dass wir in den seltensten Fällen die Eltern verändern können. Wobei es allerdings auch Ausnahmen gibt, nämlich Eltern, die trotz allem Stress und Streit ihren Kids zuhören und versuchen, ihren Anteil am Konflikt zu erkennen und zu mindern.

Unterstützen kann man Teens vor allem darin, das Gespräch mit ihren Eltern zu suchen. Gelingende Beziehungen haben immer etwas mit gelingender Kommunikation zu tun. Wenn Teenager versuchen, sich ihren Eltern mitzuteilen und erzählen, was sie beschäftigt, werden vermutlich weniger Konflikte aufkeimen. Natürlich heißt das nicht, dass sie alles offen legen sollen und müssen. Es wird immer Bereiche geben, die nicht mit den Eltern zu teilen sind, und das ist in Ordnung.

Außerdem müssen Teens sehen und akzeptieren, dass auch Eltern Fehler machen. Denn auch Eltern sind nur Menschen. Und auch die Teens machen den einen oder anderen Fehler. Wenn ein Jugendlicher dann in der Lage ist, sich bei seinen Eltern zu entschuldigen, kann dadurch eine spannungsgeladene Situation entschärft werden.

Nun gibt es Situationen, die nicht mehr von dem einzelnen Jugendlichen allein zu handhaben sind. Zum Beispiel bei massiver Gewalt durch die Eltern, bei Misshandlungen oder Missbrauch, wobei hier nicht nur der sexuelle Missbrauch gemeint ist. Es gibt auch andere Formen des wiederholt oder dauerhaft entwürdigenden Verhaltens gegenüber dem Jugendlichen. In einem solchen Fall braucht der Teen die Unterstützung von außen. Hier ist es ratsam, sich professionelle Hilfe zu holen. Das könnte zum Beispiel das örtliche Jugendamt sein. Möglich wäre auch, andere Erwachsene, die Zugang zu den Eltern haben, je nach Situation und Einzelfall einzuschalten, z. B. den Pastor oder Lehrer.

Auf alle Fälle sollte es für Teens und Eltern klar sein, dass Konflikte an sich nicht das Problem sind. Es geht vielmehr darum, wie man sie gemeinsam klären kann, und zwar in Respekt vor dem anderen und mit Akzeptanz gegenüber dessen Meinung.

Was kommt nach der Schule?

Anche Rahn

Umfragen unter Jugendlichen zeigen, dass viele von ihnen Zukunftsängste haben. Die hohe Arbeitslosigkeit und schlechte Wirtschaftsdaten, gekoppelt mit einem eventuell negativen Selbstbild, erzeugen Frust und Perspektivlosigkeit. Der Leistungsdruck ist hoch und die Erwartungen der Eltern oftmals auch. In so einer Situation ist es für Heranwachsende schwierig herauszufinden, was sie nach der Schule machen sollen oder wollen. Und das, obwohl die meisten froh sind, die Schule hinter sich lassen zu können.

Teenager benötigen in dieser Zeit viel Unterstützung und auch Orientierungshilfen. Was können wir hier tun? Grundsätzlich sollten wir Teens dazu motivieren, den qualifiziertesten Schulabschluss zu machen, der ihnen möglich ist. Das klingt lapidar und so, als bräuchte man darüber nun wirklich nicht zu reden. Es ist aber insofern wichtig, als Jugendliche immer mal wieder keine Lust zur Schule haben und dann in der Gefahr sind, abzuspringen, um endlich etwas anderes zu machen. Zum Beispiel neigen Gymnasiasten dazu, nach der 10. Klasse die Schule zu verlassen, weil sie dann den Realschulabschluss besitzen. Ich halte es für wichtig, den Schulfrust ernst zu nehmen, denn Schule kann wirklich öde sein. Und mit 15, 16, 17 Jahren hat man durchaus andere Ideen, als Vokabeln und mathematische Formeln zu pauken. Trotzdem würde ich jeden Jugendlichen darin unterstützen durchzuhalten und den bestmöglichen Schulabschluss zu machen, wenn dies seinen Fähigkeiten entspricht.

Nun ist mit dem Ende der Schule vieles noch unklar und eine Menge Fragen stellen sich. Manche Jugendliche, vor allem aber viele Eltern, denken, dass jetzt möglichst sofort die optimale Berufswahl getroffen werden muss. „Pass auf, dass du dich für das Richtige entscheidest, schließlich wirst du dein ganzes Leben in diesem Beruf arbeiten", werden vielleicht einige der Jugendlichen zu hören bekommen. Die Berufswahl ist zwar eine wesentliche Weiche, die man im Leben stellt, aber sie ist nicht mehr so extrem ausschlaggebend wie noch vor einigen Jahren. Vielmehr geht es heute auf dem Arbeitsmarkt darum, flexibel zu sein, sich auch in fachfremde Bereiche einzuarbeiten und sich ständig weiterzubilden. Trotz alledem stellt eine abgeschlossene Ausbildung eine wichtige Grundlage dar, selbst wenn man später in einem ganz anderen Gebiet arbeiten sollte.

Die Entscheidung für eine bestimmte Ausbildung oder für ein spezielles Studium fällt nicht immer leicht. Deshalb würde ich einem Teen immer empfehlen – wenn es finanziell möglich ist –, sich Zeit zu lassen und Einblicke in verschiedene Arbeitsfelder, Aufgaben und auch Kulturen zu bekommen. Dazu eignen sich gut ein freiwilliges soziales oder ökologisches Jahr, ein Auslandsaufenthalt, zum Beispiel als Au-pair-Mädchen, verschiedene Praktika oder auch einfach Jobs zum Geldverdienen und Kennenlernen unterschiedlicher Arbeitsbereiche. Außerdem ist es notwendig, über die verschiedenen Berufe, die in Betracht kommen, gut informiert zu sein. Es ist sinnvoll, mit Leuten aus unterschiedlichen Berufsgruppen zu sprechen (so etwas könnte auch im Rahmen einer Gemeinde organisiert werden). Unternehmen und Universitäten bieten für Schulabgänger häufig Workshops und Informationstage an. Es bestehen vielfältige Möglichkeiten, sich schlau zu machen. Es ist gut, wenn die Teens dabei unterstützt werden, auch von den JugendmitarbeiterInnen.

Eine ganz entscheidende Sache dabei sind, neben aller Information und Beratung von außen, die eigenen Wünsche, Begabungen und auch Träume des Teens. Was wünscht er sich? Wozu hätte er am meisten Lust? Was liegt ihm? Goethe hat einmal gesagt: „Unsere Wünsche sind Vorgefühle der Fähigkeiten, die in uns liegen, Vorboten desjenigen, was wir zu leisten imstande sein werden". Das hat nichts oder zumindest nicht viel damit zu tun, dass kleine Mädchen davon träumen, Eiskunstläuferin zu werden und die Jungs Astronaut oder Fußballstar. Sondern damit, innere Impulse ernst zu nehmen und ihnen zu folgen. Wenn ein Jugendlicher den Wunsch verspürt, irgendetwas Konkretes zu tun, sollten wir ihn darin unterstützen. Wünsche können zu einer wichtigen Motivation werden, das Leben in einer bestimmten Richtung zu gestalten. Wünsche haben eine ungeheure Energie, zumindest dann, wenn sie uns wichtig sind. Häufig ist es so, dass Leute, die ihre Wünsche zugunsten einer scheinbar solideren Entscheidung aufgegeben haben, doch eines Tages wieder auf sie zurückkommen. Konkret bedeutet das, den Jugendlichen zum Träumen zu ermutigen, ihn zu ermuntern, sich etwas zu wünschen. So kann er auch bezüglich seiner Berufswahl auf die für ihn richtige Spur gebracht werden.

Und dann gibt es auch noch ganz natürliche Begabungen. Gott hat in jeden von uns verschiedene Stärken und Fähigkeiten hineingelegt. Wenn wir diese Begabungen in unsere Berufswahl einbeziehen, kann aus dem Beruf eine Berufung werden. Gott will, dass wir unsere Gaben einsetzen (Matthäus 25,14–30). Und wir sollen es nicht nur tun, weil Gott es möchte, sondern weil Begabungen Motivationsquellen sind: Wenn jemand etwas sehr gut kann und es ihm leicht gelingt, dann stellt sich in der Regel Erfolg ein. Und Erfolg motiviert zum Weitermachen. Für Teens ist es jedoch nicht immer leicht, ihre Begabungen zu erkennen und sie weiterzuentwickeln. Deshalb ist es wichtig, dass sie Leute um sich haben,

die gemeinsam mit ihnen ihre Gaben und Stärken entdecken. Sie brauchen Menschen, die sie motivieren, unterstützen und auch ermutigen, manches auszuprobieren. Letztendlich brauchen sie jemanden, der an sie und ihre Fähigkeiten glaubt. Wenn diese Ermutigung nicht von den Eltern kommt, dann ist es umso wichtiger, dass die Jugendlichen sie durch andere vertraute Erwachsene erfahren, zum Beispiel durch den Jugendmitarbeiter, die Jugendmitarbeiterin.

Grundsätzlich ist es gut, wenn die Eltern in den gesamten Prozess der Berufsfindung einbezogen sind und hinter der Entscheidung des Jugendlichen stehen. Allerdings kann man das nicht erzwingen, und manchmal kann es notwendig sein, sich von der Berufsvorstellung der Eltern zu lösen.

Da es sich ja bei der Wahl des Berufes nicht um eine kurzfristige Angelegenheit handelt, sollte sich der Jugendliche auch noch mit ein paar angrenzenden Fragen beschäftigen. Es ist sinnvoll, darüber nachzudenken, ob der Beruf Kern und primärer Inhalt seiner Zukunft sein soll oder ob dem Teen z. B. eine Familie oder das Engagement in einer Gemeinde oder Ähnliches wichtiger sind. Auch wenn sich diese Frage im Teenage nicht abschließend beantworten lässt, kann durch die Wahl des Berufes eine Weiche gestellt werden. Bei bestimmten Berufen kann man z. B. nicht in Teilzeit arbeiten, und mancher Beruf erfordert eine hohe Flexibilität bezüglich des Wohnortes, was nicht immer mit einer eigenen Familie gut realisiert werden kann. Natürlich lässt sich so etwas nicht immer von vornherein klären, und mit Sicherheit verlangt auch das Arbeitsleben, sich immer mal wieder auf neue Situationen und wechselnde Prioritäten einzustellen. Trotzdem kann es helfen, auch schon im Vorfeld hierüber nachzudenken.

Jugendliche sollten auch darüber informiert sein, welche Verdienstchancen mit welchem Beruf in etwa verbunden sind. Gerade im Teenage sind viele Jugendliche sehr idealistisch und meinen, sie könnten von Luft und Liebe leben. Meist haben sie nur sehr wenig Ahnung davon, was das Leben allein, und dann erst mit Familie, kosten kann. Nicht, dass solcher Idealismus schlecht wäre. Im Gegenteil! Besser aber noch ist Idealismus, der mit Weitsicht verknüpft ist. Auch hier sind Menschen gefragt, die von außen den Teenager in seinen Ideen unterstützen und ihm trotzdem die eine oder andere sachliche Frage stellen. Konkret kann man sich diese sachbezogenen Informationen auch bei den Agenturen für Arbeit holen.

Grundsätzlich sollte ein Beruf zu mir passen und mir Spaß machen. Arbeit bestimmt einen großen Teil unseres Lebens. Der Einzelne ist viel zu kostbar, als dass er nur einen Job machen sollte, der nichts mit ihm zu tun hat. Deswegen sollten JugendmitarbeiterInnen dem Teenager dabei helfen herauszufinden, wo er hin will, was er vom Leben und vom Beruf erwartet, und wie er motiviert auf seine Ziele zugehen kann.

Adressen von ausgewählten Beratungsstellen und Seelsorgeangeboten

Im Folgenden nennen wir ausgewählte Post- und Internetadressen, über die ihr Beratungs- und Seelsorgeangebote in eurer Nähe herausfinden könnt oder die bundesweit per Fon, Brief oder Mail erreichbar sind. Hierhin könnt ihr Teenager bei Bedarf weitervermitteln oder euch gegebenenfalls selber Informationen zu bestimmten Themen holen, die in einer Seelsorge gerade aktuell sind.

Zeitschrift **teensmag**
Postfach 4065, D-58426 Witten, info@teensmag.net
oder in der Schweiz: **teensmag**,
Postfach 384, CH-8330 Pfäffikon.
Beim teensmag-help!-Team können sich speziell Jugendliche zwischen 13 und 19 Jahren per Brief oder Mail an ehrenamtliche SeelsorgerInnen wenden.

Evangeliums-Rundfunk e.V. (ERF)
Berliner Ring 62, 35576 Wetzlar, Fon: 06441/9570,
Mail: seelsorge@erf.de
Beim ERF bieten 10 haupt- und über 1000 ehrenamtliche SeelsorgerInnen Seelsorge per Brief, Fon oder Mail an. Auch eine Vermittlung an andere Beratungsstellen, Seelsorger oder Therapien vor Ort ist innerhalb eines eigenen Kontaktnetzes möglich.

Blaues Kreuz in Deutschland e.V.,
Bundesgeschäftsstelle: Postfach 200252, 42202 Wuppertal,
Fon: 0202/620030, Mail: bkd@blaues-kreuz.de
Das Blaue Kreuz hat deutschlandweit über 30 Beratungsstellen für Alkoholkranke und ihre Angehörigen. Auch Jugendliche und Kinder alkoholkranker Eltern können sich an diese Stellen wenden.

Weißes Kreuz e.V.

Weißes-Kreuz-Str. 1-4, 34292 Ahnatal/Kassel,
Fon: 05609/83990, Mail: weisses-kreuz@t-online.de
Das Weiße Kreuz ist eine christliche, staatlich anerkannte Beratungsstelle für Sexual-, Schwangerschaftskonflikt- und Familienplanungsberatung. Es unterhält externe Beratungsstellen in verschiedenen Bundesländern. Beratungsschwerpunkte sind u. a. sexuelle Probleme, sexueller Missbrauch und Fragen zur sexuellen Identität. Telefonische Anfragen sind Montag bis Freitag von 9.00 – 12.30 Uhr und 13.30 – 17.00 Uhr möglich.

Wüstenstrom e.V.

Hauptstr.72, 71732 Tamm, Fon: 07141/6889671,
Mail: info@wuestenstrom.de; Seelsorgetelefon: 07141/6889670, montags bis freitags ab 13.00 Uhr, sonst Anrufbeantworter. Wüstenstrom bietet Beratung an im Bereich sexueller Probleme, sexueller Identität, Homosexualität u. a. sowie bei sexuellem, emotionalem und physischem Missbrauch. Bundesweit gibt es ca. 25 Selbsthilfegruppen, die sich mit diesen Themen beschäftigen.

Kinder- und Jugendtelefon

Das Kinder- und Jugendtelefon hilft Heranwachsenden mit ihren Sorgen und Nöten umzugehen – anonym und kostenlos. Die Telefone sind **montags bis freitags von 15.00 – 19.00 Uhr** besetzt. Aus ganz Deutschland können Kinder- und Jugendliche unter der bundesweiten Rufnummer **0800-111 0 333 kostenlos anrufen**.
Das Kinder- und Jugendtelefon umfasst ein Netzwerk von 95 Beratungstelefonen (Stand 10/2003), die in der Dachorganisation BundesArbeitsGemeinschaft Kinder- und Jugendtelefon e.V. zusammengeschlossen und Mitglied im Deutschen Kinderschutzbund (DKSB) sind.

Deutscher Kinderschutzbund Bundesverband e.V.

Bundesgeschäftsstelle, Hinüberstr. 8, 30175 Hannover, Mail: info@dksb.de, Homepage: www.dksb.de

Der Deutsche Kinderschutzbund unterhält ca. 420 Beratungsstellen in Deutschland. Das oberste Ziel ist die Vorbeugung gegen Gewalt gegen Kinder. Kinder und Jugendliche bekommen Unterstützung bei der Verarbeitung von Gewalterfahrungen, und gegebenenfalls werden therapeutische Angebote für Eltern und Kinder vermittelt. Über die Verbandsdatenbank können wohnortnahe Beratungsangebote abgerufen werden (siehe Homepage).

Christliche Mutter-Kind-Häuser

Über die Christliche Elterninitiative e.V., Frau Jutta Reiners, Hemmstr.152-156, 28215 Bremen, Fon: 0421/371022, kann eine bundesweite Liste von christlichen Mutter-Kind-Häusern bezogen werden. Mutter-Kind-Häuser bieten Schwangeren und allein erziehenden jungen (auch minderjährigen) Müttern mit Säuglingen und Kleinkindern Wohnmöglichkeiten und Unterstützung, zum Teil auch Krippenplätze und psychologische Betreuung etc.

Beratungsführer mit Adressen aus ganz Deutschland

Deutsche Arbeitsgemeinschaft für Jugend- und Eheberatung e.V. (DAJEB)

Neumarkter Straße 84c, 81673 München, Fon: 089/4361091, Mail: dajeb@aol.com, Homepage: www.dajeb.de

Die DAJEB bietet das umfassendste aktuelle Adressen- und Telefonnummernverzeichnis von Beratungsstellen in ganz Deutschland an. Der *Beratungsführer online* (siehe Homepage) sucht nach Eingabe der Postleitzahl die nächstgelegene Beratungsstelle nach ausgewählten Schwerpunkten wie zum Beispiel „Beratung für Kinder und Jugendliche“.

Der Beratungsführer 2003/2004 hrsg. von Leben im Kontext e.V., Seelsorge und Therapie in christlichen Einrichtungen, R. Brockhaus Verlag.
In diesem Buch finden sich deutschlandweite Adressen und zusätzliche Informationen zu vielen christlichen Seelsorge-, Beratungs- und Therapieangeboten (Organisationen, Kliniken und Einzelpersonen).

Books

Nachfolgend stellen wir einige empfehlenswerte Bücher vor, die Berührungspunkte zum Thema Seelsorge mit Teenagern und Jugendarbeit haben.

TeensMag (Hrsg.): help! Deine Fragen – ehrlich beantwortet. Oncken Verlag, Wuppertal 2001
Ein praxisnahes Buch für Teenager und MitarbeiterInnen, in dem einige der dringendsten Fragen von Teens beantwortet werden, zum Beispiel Themen wie Sex, Beziehungen und Freundschaft, Glauben und Zweifel, Selbstannahme und Identität.

Wilhelm Faix/Angelika Rühle (Hrsg.): Baustelle Pubertät – Betreten verboten!? Teenager verstehen und in Krisen begleiten. Ein Infobuch für Eltern, Erzieher und Mitarbeiter. Hänssler Verlag, Holzgerlingen 2004
Ein umfassendes Buch, das sich mit der Entwicklung im Teenage, den Herausforderungen im Alltag eines Jugendlichen und verschiedenen Problemen sowie deren Bewältigung beschäftigt. Unter anderem werden Themen wie Essstörungen, psychische Störungen, Gewaltbereitschaft und Suchtverhalten behandelt. Im Anhang finden sich Adressen verschiedener Beratungsstellen und Hilfsorganisationen.

Paul Ch. Donders/Michaela Kast: Power Check. So finden Teens und Twens den richtigen Beruf. Schulte&Gerth, Asslar 2002

Dieses Buch richtet sich direkt an Teenager, die auf der Suche nach dem passenden Beruf sind. Fragen nach dem Potenzial, den Stärken und Schwächen, den Wünschen und Voraussetzungen für den Traumjob werden behandelt. Mit Schaubildern, Fragebögen und Hilfen, das eigene Perslönlichkeitsprofil zu entdecken sowie vielen praktischen Tipps.

Christina Riecke: Days of Grace. Was Mädchen und junge Frauen bewegt. Wie Mädchen und junge Frauen im Glauben wachsen. Brunnen Verlag, Gießen 2004
Dieses Buch richtet sich, wie aus dem Titel zu entnehmen ist, an Mädchen und junge Frauen sowie an Mitarbeiterinnen, die speziell den Bedürfnissen von Mädchen auf der Spur sind. Es geht um Fragen nach Gott, nach dem Glück und dem Leben. Das Buch eignet sich zum Selbst-Nachdenken oder zur Gestaltung von Mädchen-Gruppen.

Ute Mayer/Tobias Faix (Hrsg.): Nur für Jungs. Alles, was du wissen willst ...Hänssler Verlag, Holzgerlingen 2002
Hier nun das Buch: Nur für Jungs. Mit Fragen und Antworten rund ums Jungesein und Mann werden. Es geht um die Suche nach dem Sinn. Um die Frage, wer du selbst wirklich bist. Um Stress mit der Family. Um Schule und Freizeit. Die Clique und Freunde. Um Girls und die Liebe. Und vieles mehr.

Roland Werner: Jesus first. Das 7-Wochen-Abenteuer. Oncken Verlag, Wuppertal 2002
Das Buch lädt Jugendliche ein, Jesus näher kennen zu lernen. Jede Woche steht unter einem anderen Thema. Und für jeden Tag gibt es eine Aufgabe, praktisch und konkret. Das Buch eignet sich auch als Leitfaden für die Gestaltung von Jugendgruppen.

Guido Baltes: Jesus. Dein Leben. Und du. Let the story begin. Verlag der Francke-Buchhandlung, Marburg 2004
In diesem Buch findet man Infos über Jesus, sein Leben und seine Message. Es bringt Jugendlichen Jesus näher und fordert heraus, ihn besser kennen zu lernen und sich auf ein Leben mit ihm einzulassen.

Steffen Kern (Hrsg.): www.Gott-ist-treu.de – das Buch. Die Basics des Glaubens: kompakt – konkret – korrekt. Hänssler Verlag, Holzgerlingen 2003
Dieses Buch vermittelt Basisinfos für den Glauben von Jugendlichen. Unter anderem werden Fragen behandelt wie: Wie erkenne ich Gottes Plan für mein Leben? Wie „lebe" ich meinen Glauben an andere weiter? Glauben Jungs und Mädels wirklich anders?

Gottfried Müller: Lass dich fallen. Wie du Gott erleben kannst. Oncken Verlag, Wuppertal 2002
Dieses Buch richtet sich an Jugendliche, die sich vom „Kinderglauben" zum eigenständigen Leben mit Jesus bewegen. Grundlegende Fragen werden hier behandelt: Wer ist Gott? Warum gerade Jesus? Wie kann ich Gott erleben? Auch für Jugendliche, die altbekannte Glaubensinhalte hinterfragen, eignet sich dieses Buch, wenn es tiefer gehende Themen wie zum Beispiel die Glaubwürdigkeit der Auferstehung bespricht.

Tobias Faix/Andreas Frick: This is my Church – Mit Teenagern Gemeinde gestalten. Ein Praxisbuch für Mitarbeiter. Oncken Verlag, Wuppertal 2002
Die Grundidee dieses Buches ist es, das Miteinander von Jugendlichen und Erwachsenen in einer Gemeinde zu fördern. Jugendliche sind wichtig für eine Gemeinde, und Gemeinde ist für Jugendliche wichtig. Das Buch bietet praxisbezogene Tipps, Konzepte und Stundenentwürfe, wie diese Idee zu verwirklichen ist, sowie Informationen für MitarbeiterInnen in der Jugendarbeit zu Themen wie Mentoring und Entwicklungspsychologie.

Tobias Faix/Andreas Frick: This is my Church – Gemeinde find ich gut. Begleitheft für Teenager. Oncken Verlag, Wuppertal 2002